Antony Fedrigotti

SELBSTHYPNOSE UND MENTALES TRAINING

Antony Fedrigotti

SELBSTHYPNOSE UND MENTALES TRAINING

Eine praktische Anleitung
zu mehr Wohlbefinden
und zur Selbstverwirklichung

Mit einem Vorwort von
Kurt Tepperwein

Die Deutsche Bibliothek – CIP-Einheitsaufnahme

Fedrigotti, Antony
Selbsthypnose und mentales Training : eine praktische
Anleitung zu mehr Wohlbefinden und zur Selbstverwirklichung
/ Antony Fedrigotti. – 3. Aufl. – München/Landsberg am Lech : mvg-verl.,
1995
   (mvg-Paperbacks ; 403)
   ISBN 3-478-04030-2
NE: GT

Das Papier dieses Taschenbuchs wird möglichst umweltschonend hergestellt und enthält keine optischen Aufheller

3. Auflage 1995

© mvg-verlag im verlag moderne industrie AG, München/Landsberg am Lech

Alle Rechte, insbesondere das Recht der Vervielfältigung und Verbreitung sowie der Übersetzung, vorbehalten. Kein Teil des Werkes darf in irgendeiner Form (durch Fotokopie, Mikrofilm oder ein anderes Verfahren) ohne schriftliche Genehmigung des Verlages reproduziert oder unter Verwendung elektronischer Systeme gespeichert, verarbeitet, vervielfältigt oder verbreitet werden.

Umschlaggestaltung: Gruber & König, Augsburg
Druck- und Bindearbeiten: Presse-Druck Augsburg
Printed in Germany 040 030/795602
ISBN 3-478-04030-2

Inhaltsverzeichnis

Vorwort 7
Einführung 8

Selbsthypnose 9
Was passiert bei der Selbsthypnose? 11

Richtiges Entspannen 14
Entspannungsübungen 15
Die Farbentspannung 22
Das „Rückwärtszählen" 27

Wie aktivieren wir Geist, Seele und Körper in der
Entspannung 29
Die Kraft der Suggestion 34
Formulierungsbeispiele 34
Fehler, die beim Formulieren passieren können 38
Niederschrift der eigenen Suggestionen 39

Die Kraft der Vorstellung 45
Wie sieht Ihr Ziel aus? 48
Die Kraft des Gefühls und des Glaubens 49
Text zur Farbentspannung 52

Der Ort für Ihre geistige Entspannung 56
Programmieren am „geistigen Entspannungsort" 57
Entspannen durch Rückwärtszählen 59
Suggestivkraft-Test 63

Selbsthypnosetests 67
Realistische Vorstellungen 68
Ihr Selbstbild 71
Die Wandlung 74

Das Selbstverwirklichungsprogramm 77
   Ich nutze die Zeit optimal 79
   Ich ändere mein Selbstbild 82
   Ich bin Herr meiner Gedanken und Gefühle 85
   Ich erfülle meine Aufgaben optimal 88
   Ich nehme meine Mitmenschen an, wie sie sind 90
   Ich steigere meine Verkaufsfähigkeiten 93
   Ich erreiche mein Ziel sicher 96
   Ich lebe im Hier und Jetzt 99
   Gesund und vital gehe ich durchs Leben 102
   Ich motiviere und führe Menschen ehrlichen Herzens 105
   Reichtum und Wohlstand fließen mir zu 108
   Ich lebe die Liebe 111

Falsche Selbstverwirklichung 115
Eine neue Einstellung zu Problemen 120

Die Macht der Disziplin 123
Disziplinübungen 124

Literaturhinweise 127

Vorwort

Ein Vorwort für einen Freund zu schreiben ist eine der schönsten und zugleich schwierigsten Aufgaben. Jedes Problem ist eine *Aufgabe*, die das Leben uns stellt, um uns selbst, unser „wahres Selbst", zu erfahren.

Es ist ein Geschenk des Lebens, gerade in dieser Zeit zu leben, denn dies ist eine der wichtigsten Zeiten auf dieser Erde. Geschenke aber verpflichten dazu, uns ihrer würdig zu erweisen. So haben wir *hier und jetzt* die Aufgabe, bewußt zu leben und die Verantwortung für uns selbst und auch für das Ganze zu übernehmen. Erkennen und nutzen Sie Ihre Chance, *jetzt* ein neues Leben zu beginnen, Ihr Leben bewußt zu gestalten und immer mehr *Sie selbst* zu sein, denn das ist der ganze Sinn Ihres Lebens.

In der Schule des Lebens kann sich keiner drücken, und jeder muß mitspielen, aber jeder kann in jedem Augenblick entscheiden, ob er als Spielfigur oder als bewußter Spieler teilnimmt. Lernen Sie vor allem, spielerisch zu leben, gehen Sie leicht und gelassen durchs Leben, und sagen Sie *ja* zum Leben, denn das ist das ganze Geheimnis, um glücklich zu sein.

Ich bin glücklich, weil immer mehr Menschen erkennen, wer sie wirklich sind und was der wahre Sinn ihres Lebens ist und freue mich, daß es Bücher wie dieses gibt, die den Menschen helfen, zu sich selbst zu finden. Nehmen Sie das Geschenk des Lebens an und nutzen Sie Ihre Chance.

Ich wünsche Ihnen das Beste für Ihren Weg und:
Gott segne Sie!

Kurt Tepperwein

Einführung

Als ich 1981 die Selbsthypnose bei Kurt Tepperwein erlernt habe, begann für mich ein neues Leben. Ich erkannte, daß ich nicht von den Launen des Schicksals abhängig bin, sondern selbst mein Schicksal mitgestalten kann.

Die anfängliche Euphorie, das Schicksal zu beherrschen, wurde dann schnell gezügelt, als ich merkte, daß es harte Arbeit ist, den eigenen Charakter zu formen. Aber ich habe bisher noch nichts gefunden, was erstrebenswerter ist, als ein ,,Mensch'' unter Menschen zu werden. Damit meine ich: Weg vom marionettenhaften Verhalten, weg von dem, was die anderen wollen, und hin zu dem, was für einen selbst bestimmt ist. Zu leben bedeutet, eine Aufgabe zu haben. Indem wir dieser Aufgabe nachgehen, erfüllen wir unser Schicksal.

Machen Sie sich auf den Weg zum Abenteuer ,,Leben'' und gestalten Sie Ihr Leben, mit Ihren Stärken und Ihren Schwächen. Erkennen Sie genetisch und karmisch bedingte ,,Schwächen'' und wandeln Sie diese in positive Aspekte um.

An dieser Stelle möchte ich meinen tiefen Dank all denen aussprechen, die mich auf meinem Weg unterstützt haben – als Vorbilder oder in Form von Vorgaben, ,,wie es *nicht* sein sollte''.

Ein besonderer Dank gilt meinen Freunden Kurt Tepperwein und Erhard F. Freitag, die mich in vielen guten Gesprächen angeregt und motiviert haben. Herzlichen Dank auch an Wiltrud Miethke, die bei den Korrekturarbeiten behilflich war, und im besonderen meiner treuen Seele, Frau Brigitte Muckelbauer, ohne die es nicht möglich gewesen wäre, dieses Buch zu vollenden. Nur durch ihren fleißigen Einsatz und ihre Treue war es möglich, Zeit zum Schreiben zu finden.

Dank auch all meinen Seminarteilnehmern, die mir viele wichtige Anregungen gegeben haben.

Antony Fedrigotti

Selbsthypnose

Wie die Hypnose ist auch die Selbsthypnose immer noch mit einem Hauch von Mystik behaftet. Manch einer versteht darunter die „Vergewaltigung" der Persönlichkeit, andere wiederum erwarten Unmögliches wie etwa unmittelbare und dauerhafte Verhaltensänderungen. Vielen hat die Selbsthypnose schon zu einem neuen, sinnvolleren Leben verholfen. Die Selbsthypnose ist eine Abwandlung der Fremdhypnose. Das Wort *Hypnose* stammt aus dem Griechischen und bedeutet *Schlaf*. Die Selbsthypnose ist meist nicht so tief wie eine Fremdhypnose, aber die Wirkung ist gleichermaßen gut.

Bei uns ist in den letzten Jahrzehnten das Autogene Training sehr beliebt geworden; es ist von der Medizin anerkannt und wird in den Arztpraxen oft sogar gelehrt. Die Technik der Selbsthypnose beruht auf ähnlichen Voraussetzungen. Sie hat nichts mit Magie zu tun. Emil Coué hat die Macht der Suggestion entdeckt, und seitdem wurde seine Methode immer populärer (*suggerare,* lat. *eingeben*). Aber durchgesetzt hat sie sich noch nicht, im Gegenteil: Obwohl die Selbstbeeinflussung keine Nebenwirkung hat, wird sie häufig verurteilt. Lieber schlucken wir Tabletten als die Hypnose anzuwenden.

Die Selbsthypnose ist nicht nur eine hervorragende Unterstützung im Genesungsprozeß, sondern mit der Selbsthypnose ist es möglich, die tieferen Schichten des Unterbewußtseins zu erreichen.

Halten wir uns vor Augen, daß wir alle täglich unwissend Selbsthypnose praktizieren: Jede Werbeaussage, alle Nachrichten, jeder Kommentar und jedes Gespräch hinterlassen in unserem Unterbewußtsein Spuren. Alles beeinflußt uns, es sei denn wir haben unsere Gedanken unter Kontrolle. Diese Kontrolle wollen wir nun gezielt erlernen.

Alles, was von außen kommt, wirkt als Suggestion, wenn wir uns damit identifizieren oder wenn wir schon ein entsprechendes Denk-Programm eingespeichert haben. Sind im Unterbewußtsein schon ähnliche Erfahrungen vorhanden, werden diese nahtlos angeknüpft, ohne jegliche Prüfung. Nur wenn wir uns bewußt auf unser Denken konzentrieren, kann dies nicht passieren.

Die Selbsthypnose kann beispielsweise eingesetzt werden bei:

Konzentrationsschwäche,
Streß,
Schlafstörungen,
körperlichen Leiden,
Schmerzen;

zur Unterstützung von
Heilungsprozessen,
Verhaltensänderungen;

zur Förderung der positiven Lebenseinstellung;

zur Verbesserung
von Motivation und Zielstrebigkeit;
des Wohlbefindens insgesamt.

Die Technik der Selbsthypnose soll und kann jeder nur für sich nutzen. Durch die Selbsthypnose haben Sie die Möglichkeit, sich geistig und seelisch schneller zu entwickeln, leistungskräftiger und kreativer zu werden. Die Grenzen stecken Sie sich selbst.

Was passiert bei der Selbsthypnose?

Wenn wir im Tagesbewußtsein sind, produziert unser Gehirn Schwingungen – die sogenannten Betawellen mit einer Frequenz von 14 – 30 Hertz. Im Erregungszustand ist die Frequenzzahl noch höher. Unser Geist läuft dann praktisch auf Hochtouren.

Diese Wellen können anhand eines Elektroenzephalogramms (EEG) gemessen werden. In der Entspannungsphase sinken diese Gehirnwellen ab und wir erreichen den Alpha-Zustand. Der Alphabereich umfaßt die Spanne von 7 – 14 Hertz. In dieser Entspannungsphase ist das Bewußtsein zwar voll „vorhanden", aber nicht so aktiv. Das Unterbewußtsein dagegen ist in diesem Zustand besonders aufnahmefähig. Es ist sensibler und leicht zu beeinflussen. Wenn in der Alpha-Phase ein „Programm" (Ziele, Wünsche) ins Unterbewußtsein eingegeben wird, dann wird dies schneller aufgenommen und verwirklicht als beim Programmieren über das Tagesbewußtsein.

Das oft störende Tagesbewußtsein wird schwächer, es melden sich von Mal zu Mal weniger Gedanken, die den Ablauf zu stören versuchen. Ich nenne dies die aktive Selbsthypnose.

Die passive Art der Selbsthypnose erleben wir jeden Tag, wenn wir Fremdeinflüssen gestatten, in unser Gemüt einzudringen, die dann unsere Gedanken und Gefühlskraft aktivieren und somit auch permanent eine Art von Hypnose auf uns ausüben. Viele Menschen wissen zwar um diese Mechanismen, greifen aber zu wenig ein, um sie zu unterbinden.

Die aktive Selbsthypnose soll uns helfen, Verhaltensprogramme zu ändern, damit Gedanken und Gefühle bewußt von uns gesteuert werden können. Ansonsten sind wir das ganze Leben ein Spielball unserer Gefühle oder der Steuerung von außen. Daß kein Gefühl und kein Gedanke unkontrolliert eindringt, können Sie mit der Selbsthypnose programmieren. Sie brauchen keine Angst davor zu haben, zu einem Roboter zu werden. Wir sind laufend so vielfältigen Reizen ausgeliefert, daß es uns kaum möglich ist, alles zu beherrschen. Aber das ist auch gar nicht nötig. Wenn Ihnen die Gedanken- und Gefühlskontrolle über 50 Prozent gelingt – und das ist sehr leicht zu erreichen – dann bestimmen Sie selbst die grundlegende Richtung Ihres Schicksalsweges. Die Selbsthypnose kann die Gedankendisziplin fördern, und mit ihr gemeinsam erreichen Sie alles, was Sie sich vorstellen und was Sie geistig erfassen können. Die Grenze liegt in jedem einzelnen selbst. Alles ist demjenigen möglich, der keine Mühe scheut und fest daran glaubt, sein Ziel zu erreichen.

Um schnellstmöglich ein Ziel erreichen zu können, müssen wir alle drei Kräfte in uns mobilisieren: Geist, Seele und Körper. Anders ausgedrückt, es muß die Vorstellung, das Ziel klar sein (Aufgabe des Geistes); es muß die unterschwellige Einstellung, das Programm im Unterbewußtsein klar sein (Aufgabe der Seele) und es muß die Tat, das richtige Tun klar sein (Aufgabe des Körpers). Alle drei Kräfte ergänzen sich, denn dazu sind sie geschaffen.

Wir zersplittern unsere Kräfte häufig durch Verzettelung, durch Unklarheit, durch übermäßige Gier, durch unrealistische Vorstellungen und dadurch bedingten mangelnden Glauben.

Wir können nur das Richtige tun, indem wir unser Unterbewußtsein richtig programmieren, Gedankendisziplin üben und dadurch unser Bewußtsein ausschließlich mit Wünschenswertem versorgen. Beide geistigen Mechanismen, Gedankendisziplin und Programmierung des Unterbewußtseins, müssen sich ergänzen.

Alles, was Sie sich im Geiste vorstellen, können Sie im Unterbewußtsein programmieren. Gedanken verbinden sich zu einer Gedankenkette, die dann gespeichert wird. Wenn Sie oft an Ihr Ziel denken, ist dies positive Energie, die nur dann wirkt, wenn keine Zweifel vorhanden sind. Wenn Sie nun aber dem Unterbewußtsein dieses Ziel in der Entspannungsphase – wenn das Oberbewußtsein nicht so aktiv ist – eingeben, verwirklicht sich Ihr Ziel schneller, denn das Unterbewußtsein wird dadurch stark beeinflußt.

In der Entspannung können Sie ein klares Bild von Ihren Zielen schaffen, geprägt von Freude und positiven Gefühlen, und das Unterbewußtsein wird Sie dabei gern unterstützen. Es kann nicht unterscheiden zwischen Einbildung und Realität. Sie müssen nur Ihrer Vorstellungskraft freien Lauf lassen und Ihre Bildvorstellung mit Freude „aufladen". Je besser Sie sich mit dem erwünschten Endzustand identifizieren können, umso schneller erreichen Sie Ihr Ziel.

Selbsthypnose können Sie überall praktizieren. Sie müssen aber unterscheiden, ob Sie Selbsthypnose nebenbei – während einer anderen Tätigkeit – üben oder in der Entspannungsphase. Anfänglich würde ich die Selbsthypnose nur in der Entspannungsphase empfehlen. Später können Sie sich beim Sport, beim Spazierengehen, Joggen oder anderen Aktivitäten Gedankenbefehle eingeben. Da heutzutage Streß an der Tagesordnung ist, haben wir alle Entspannung nötig, damit sich Körper und Seele erholen können. Vergessen Sie nicht: Entspannung kann beispielsweise vor Herzinfarkt und anderen Krankheiten schützen.

Richtiges Entspannen

Wenn Sie in der Entspannungstechnik erst einmal geübt sind, ist es möglich, sogar beim Lesen, Sprechen, Fernsehen, oder beim Hören von Musik bewußt zu entspannen. Lernen Sie, Entspannung als einen natürlichen Zustand zu erkennen und zu sehen. Wenn Sie abends nach Hause kommen und Ihre Garderobe ausziehen, können Sie Ihren Mantel oder Ihre Jacke mit einem Gedankenbefehl „Damit lege ich alle meine Sorgen mit ab!" aufhängen und frei von allen negativen Geschehnissen, Ärgernissen und Schwierigkeiten des Tages sein. Dies ist deshalb so wichtig, weil Sie Abstand brauchen. Wer nie Zeit hat, richtig frei durchzuatmen, der wird immer höheren Belastungen ausgesetzt. Entspannung ist heutzutage eine Notwendigkeit. Beobachten Sie doch die Natur. Es gibt eine Zeit des Wachstums und eine Zeit der Regeneration. Es gibt Tag und Nacht, Herbst und Winter. Wer ständig nur in der Aktivitätsphase bleibt, schwächt sein Immunsystem und ruht nicht in sich. Unterbrechungen sind die Würze des Lebens. Wenn Sie dem Körper nicht die nötige Ruhe gönnen, wird er sich diese holen, in Form von Unfällen oder Krankheiten.

Der amerikanische Schriftsteller Dale Carnegie erzählt die Geschichte von zwei Waldarbeitern: Einer ging an die Arbeit und machte den ganzen Tag lang keine Pause. Nur zum Mittagessen gönnte er sich eine kurze Rast. Der andere legte mehrere Pausen ein und sogar eine lange Mittagspause. Am Abend stellte der Unermüdliche fest, daß der andere viel mehr Holz geschlagen hatte. Er sagte: „Ich verstehe das nicht, jedesmal, wenn ich mich umgesehen habe, hast du dich ausgeruht, und trotzdem hast du mehr Holz geschlagen?"

„Hast du auch bemerkt, daß ich während der Pausen meine Axt geschärft habe?", fragte ihn daraufhin sein Kollege lachend. Entspannung ist gut, „um die Axt zu schärfen". Auch der nächtliche Schlaf dient der Entspannung, wenn Sie es verstehen, den Tag loszulassen. Das Unterbewußtsein, unser Werkzeug (die Axt), beschäftigt sich sonst auch noch nachts mit unseren Problemen. Verbinden Sie mit dem Zubettgehen, dem Einschlafen oder dem Hochziehen der Decke folgende Suggestion: *Ich wickle mich in Harmonie und Gesundheit ein. Ich schlafe ruhig und gelassen und erhole mich an Geist, Seele und Körper.* Gewöhnen Sie sich an, daß dies eine automatische Gedankenfolge wird, sobald Sie die Decke hochziehen. Wiederholen Sie diese Suggestion drei- bis viermal, und Sie werden ruhig und erholsam schlafen.

Wenn Sie morgens aufwachen, sollten Sie Ihren Gedanken nicht gestatten, an Probleme und Schwierigkeiten zu denken. Wenn Sie sich im Bett strecken, können Sie einige Male die Suggestion wiederholen: *Ich gehe voller Energie und Freude in diesen Tag. Ich gebe stets mein Bestes und tue das Richtige.* Wenn Sie auch diese Suggestion einige Male wiederholen, wird es Ihnen von Tag zu Tag besser gehen.

Entspannungsübungen

Die Entspannung ist ein wunderbares Heilmittel, um innere Ausgeglichenheit und Frieden zu erlangen. Es gibt kein natürlicheres Beruhigungsmittel als die Entspannung. In wissenschaftlichen Tests wurde nachgewiesen, daß ein Mensch, der entspannt ruht, weder wütend noch ärgerlich werden kann. Erst durch Muskelanspannung ist dies möglich. Auch Streß ist mit einer Anspannung der geistigen und körperlichen Muskeln verbunden. Ent-Spannen bedeutet folglich, nicht verbissen etwas erreichen zu wollen, sondern einfach nichts zu tun, Geist und Körper ruhen zu lassen. Leider glauben wir oft, dazu keine Zeit zu haben, oder unsere Zeit damit nicht „vergeuden" zu können. Diese Einstellung ist falsch und blockiert uns, denn erst, wenn Sie in sich ruhen, wenn Sie gelernt haben, das Alltagsgeschehen loszulassen, sind Sie in der Lage, kreativ zu sein. Wer sich und seine Arbeit ernst nimmt, muß sich die Zeit zur Entspannung nehmen, denn dadurch stärkt er sich und gibt seinem Unterbewußtsein die Möglichkeit, gute Ideen, die in ihm schlummern, zutage zu fördern.

Nachfolgend werden wir verschiedene Formen der Entspannung behandeln. Suchen Sie sich aus, welche Art der Entspannung zu Ihnen paßt. Dann sind Sie in Ihrem Bemühen um die Fähigkeit, bewußt zu entspannen, wieder einen Schritt weiter.

1. Übung

Sie setzen sich aufrecht hin und legen einen Arm auf den Tisch. Dann schließen Sie die Hand zur Faust. Nun konzentrieren Sie Ihren Blick auf Ihren Daumen. Sie versuchen nun, den Daumen so langsam zu öffnen, daß Sie Ihr Auge täuschen. Es soll keine Bewegung registrieren.

Wenn Sie den Daumen geöffnet haben, können Sie den Zeige-, Mittel-, Ring- und kleinen Finger nacheinander öffnen. Sie werden feststellen, daß anfänglich die Finger leichte Ruckbewegungen ausführen. Diese werden mit zunehmender Übung immer weniger.

Diese Übung ist einfach und hat viele Vorteile:

1. Sie können sich dabei nicht verspannen, weil Sie sonst die Finger nicht öffnen könnten.
2. Die Konzentration wird geschärft, weil durch die Beobachtung die ganze Aufmerksamkeit verlangt wird.
3. Sie können diese Übung überall machen, ohne Vorbereitung.

2. Übung

Sie setzen oder legen sich hin und schließen die Augen. Nun beobachten Sie Ihren Atem. Folgen Sie dem Luftstrom und verfolgen Sie, wie die Luft über die Nase eindringt, wie sie die Luftröhre entlangstreift und die Lungen füllt. Beobachten Sie das Füllen der Lungen, ob sie von unten nach oben oder von oben nach unten gefüllt werden. Anschließend atmen Sie aus und beobachten wieder, wie der Luftstrom Ihrem Körper entweicht. Verändern Sie nichts, sondern beobachten Sie nur, wie Sie „geatmet werden". Üben Sie einige Minuten, bis Sie völlig zur Ruhe gekommen sind. Dann verbinden Sie jedes Einatmen mit der Suggestion: *Ich atme Ruhe ein* und beim Ausatmen denken Sie *Ich atme Unruhe aus*. Atmen Sie dann nach Belieben 15 bis 25 mal durch. Sie werden merken, wie Sie von Mal zu Mal ruhiger werden.

3. Übung

Nehmen Sie einen beliebigen Text zur Hand, am besten einen positiven, aufbauenden. Lenken Sie nun Ihren Blick auf die erste Silbe. Sehen Sie die Silbe an und lesen Sie sie in Gedanken, allerdings im Schneckentempo; für jede weitere Silbe brauchen Sie 2 Sekunden. Ihr Blick ist dabei nur auf die jeweilige Silbe gerichtet. Gestatten Sie Ihrem Blick nicht vorauszueilen. Lesen Sie so einige Worte, es wird Ihnen anfänglich lächerlich vorkommen, und Sie werden es vielleicht unsinnig finden, denn so langsam liest ja niemand. Aber genau das ist der Zweck der Übung. Lesen Sie trotzdem weiter, bis der innere Widerstand gebrochen ist und Sie innerlich zur Ruhe gekommen sind. Meistens dauert es 2–3 Minuten. Danach fühlen Sie sich entspannter und ruhiger.

4. Übung

Suchen Sie sich mit offenen Augen einen Punkt im Raum oder direkt vor sich. Schauen Sie nun mit offenem Blick, ohne Anstrengung, auf diesen Punkt. Denken Sie: ,,Ich sehe nur diesen Punkt", alles um Sie herum lassen Sie verschwinden, Sie sehen nur diesen einen Punkt. Dabei denken Sie an sonst nichts. Das wird Ihnen zunächst schwerfallen. Lassen Sie Gedanken, die Sie stören, einfach vorbeiziehen. Verdrängen oder vertreiben Sie sie nicht, schenken Sie ihnen einfach keine Beachtung.

5. Übung

Diese Übung wird die ,,progressive Muskelentspannung" nach Jacobsen genannt. Sinn dieser Übung ist, zuerst den Muskel fest anzuspannen, um anschließend die Entspannung bewußt wahrnehmen zu können. Dabei sollten Sie folgendermaßen vorgehen: Zuerst suchen Sie sich einen ruhigen Platz und sorgen dafür, daß Sie nicht gestört werden. Dann legen Sie sich hin und schließen die Augen. Nun spannen Sie die Muskeln nacheinander an. Sie beginnen mit der rechten Hand. Sie ballen die Hand zur Faust und spannen diese fünf Sekunden lang an. Dann lassen Sie los und fühlen die deutliche Entspannung.

Nun spannen Sie die Hand und den Unterarm an, dann Oberarm usw. Immer spannen Sie den jeweiligen Muskel an und lassen dann wieder los. Am besten ist es, Sie sprechen sich den nachfolgenden Text auf eine Toncassette, damit Sie sich ganz auf die Übung konzentrieren können. Ich empfehle auch immer, im Hintergrund eine angenehme Entspannungsmusik laufen zu lassen. Diese können Sie gleich mitaufnehmen. Sprechen Sie selbst oder lassen Sie den Text von einem Freund aufsprechen. Wenn Sie selbst sprechen, hat dies den Vorteil, daß Sie lernen, Ihre eigene Stimme und somit sich selbst anzunehmen.

Trainieren Sie die Muskelentspannung mit Hilfe einer Toncassette. Sprechen Sie folgenden Text auf:

Ich bin vollkommen konzentriert, hier in diesem Raum, in meinem Körper.
Ich höre nur auf die Stimme und freue mich auf die folgende Entspannung.
Ich liege bequem, öffne alles, was mich beengt, und habe meine Augen geschlossen.
Ich höre ganz konzentriert auf die Stimme.

Ich balle die rechte Hand zur Faust. Ich balle sie fest, fest, ganz fest, noch fester, ... und nun lasse ich sie los.
Meine rechte Hand ist jetzt ganz entspannt.

Nun spanne ich meine rechte Faust und den rechten Unterarm an. Ich halte sie fest, ganz fest, noch fester und lasse sie nun ganz locker. Meine rechte Faust und mein rechter Unterarm sind ganz entspannt, ganz locker.

Jetzt balle ich meine linke Hand zur Faust. Ich balle sie fest, fester, noch fester ... und lasse sie nun los. Meine linke Hand ist jetzt ganz entspannt.

Nun spanne ich die linke Faust und den linken Unterarm fest an. Ich halte, halte und halte und ... lasse jetzt los. Meine linke Hand und mein linker Unterarm sind ganz entspannt.

Ich spanne jetzt meinen rechten Oberarm mit Faust und Unterarm an. Ganz fest spanne ich meine Muskeln an, halte, halte und halte ... und lasse nun los. Meine rechte Hand und mein rechter Arm sind entspannt.

Jetzt spanne ich den linken Oberarm mit Faust und Unterarm an. Ich halte die Spannung fest, ganz fest ... und lasse jetzt los. Ich entspanne und lasse los.

Ich konzentriere mich jetzt auf mein rechtes Bein und spanne es fest an. Das ganze Bein ist fest angespannt, ganz fest, ganz fest. Und nun lasse ich los. Ich fühle und genieße die Entspannung in meinem rechten Bein.

Dasselbe führe ich mit meinem linken Bein durch. Ich spanne es an, ganz fest, noch fester . . . und lasse nun los. Auch mein linkes Bein ist jetzt ganz entspannt.
Meine Beine sind jetzt entspannt.

Jetzt spanne ich das Gesäß an und halte die Spannung. Ich halte fest, fest, noch fester . . . und lasse nun los. Mein Gesäß ist jetzt entspannt.

Nun ziehe ich meine Schultern hoch und spanne sie an. Ich halte die Spannung, fest, noch fester . . . und lasse sie jetzt los. Meine Schultern und mein Nacken sind jetzt entspannt.

Nun spanne ich alle Muskeln in meinem Gesicht an. Ich runzle die Stirn, beiße auf die Zähne und ziehe die Mundwinkel nach hinten. Ich halte die Spannung, fest noch fester . . . und lasse nun los. Mein ganzes Gesicht ist jetzt entspannt.

Mein ganzer Körper ist jetzt locker und entspannt. Ich genieße dieses wunderbare Gefühl und freue mich, ganz entspannt zu sein.

Sie könnten diesem Text gleich einen Suggestionstext zur Selbsthypnose anschließen. Der Vorteil dieser Entspannung ist, daß Sie aktiv entspannen, indem Sie die Gedanken beschäftigen und die Muskeln an- und entspannen. So können Sie Streß wunderbar abbauen und Ihre Gedanken beruhigen.

6. Übung

Diese Übung nennen wir das geistige Entspannen. Sie suchen sich einen ruhigen Platz und legen oder setzen sich bequem hin. Sorgen Sie dafür, daß Sie nicht gestört werden. Dann schließen Sie die Augen und atmen einige Male tief ein und aus. Verbinden Sie diese Atemzüge mit der Suggestion *Ich atme Ruhe ein, und Unruhe aus.* Nach fünf oder zehn Atemzügen, je nach Belieben, wenn Sie merken, daß Sie schon ruhiger geworden sind, atmen Sie langsam und gleichmäßig weiter, ohne etwas zu verändern. Die Augen sind geschlossen und Ihr Blick ist hinter den geschlossenen Augen auf den Punkt zwischen den Augenbrauen – die Nasenwurzel – gerichtet. Dabei die Augen aber nicht verspannen. Sie konzentrieren sich auf diesen Punkt, den man das geistige Auge nennt.

Jetzt stellen Sie sich vor, wie Sie einen wunderschönen Sonnenuntergang erleben. Sehen Sie sich an einem Strand, auf einem Berg oder einer Wiese sitzen und beobachten Sie die Sonne, wie sie untergeht. Sehen Sie den leuchtenden Ball und genießen Sie den Anblick. Fühlen Sie, wie mit jedem Millimeter, mit dem die Sonne am Horizont tiefer sinkt, Ihre Ruhe größer wird und Ihr Wohlbefinden steigt. Empfinden Sie dieses Wunder der Natur in Harmonie und Ruhe. Freuen Sie sich und spüren Sie, wie sich Geist, Seele und Körper erholen.

Sie genießen einfach diesen Sonnenuntergang und fühlen dabei, wie Ruhe und Harmonie einkehren.

Bei dieser Übung werden Sie erkennen, wie leicht es ist, loszulassen und Ruhe ins Gemüt zu lassen. Diese Übung können Sie immer während kleineren Pausen machen, oder abends im Bett, vor dem Einschlafen.

Dies alles sind vorbereitende Übungen oder Übungen für zwischendurch, um sich schnell zu entspannen und zu erholen. Je öfter Sie diese Übungen wiederholen, desto leichter fällt es Ihnen, bewußt zu entspannen. Sie können Entspannung als Programm in Ihr Unterbewußtsein einspeichern und es bei Bedarf abrufen.

Probieren Sie alle Übungen aus und lassen Sie die zur Gewohnheit werden, die Sie am liebsten mögen. Erst wenn Sie die Entspannungstechniken beherrschen, können Sie mit der Selbsthypnose beginnen.

Zur Ruhe zu kommen ist der erste Schritt.

Der zweite Schritt gilt dem Training der Selbsthypnose. Sie ist die Vorstufe auf Ihrem Weg zum Unterbewußtsein, das mit den Suggestionen der Selbsthypnose letztendlich „aktiviert" wird.

Hierfür gibt es zwei Möglichkeiten:

1. Die Farbentspannung
2. Das „Rückwärtszählen"

Die Farbentspannung

Dies ist eine therapeutisch anerkannte Methode, um negative Gehirnwellen zu reduzieren. Man hat festgestellt, daß die Vorstellung bestimmter Farben eine bestimmte Frequenz im Gehirn auslöst. Wenn Sie sich eine bestimmte Farbe nur vorstellen, ohne sie zu sehen, verändern sich bereits Ihre Gehirnwellen.

Die Farbentspannung dient dazu, in den Alpha-Bereich zu gelangen. Sie ist einfach anwendbar und als Auslöser gut zu gebrauchen, aber es muß eine bestimmte Reihenfolge der Farben beachtet werden.

Jeder Auslöser muß so gewählt werden, daß er nicht auch im täglichen Gebrauch vorkommt. Ansonsten können Sie sich – je nach Sensibilität – auch ungewollt in Selbsthypnose versetzen. Unpraktisch sind einzelne Worte. Besser ist eine Gedankenfolge.

Wie funktioniert die Farbentspannung?

Die Farbentspannung beruht auf wissenschaftlichen Erkenntnissen der Gehirnforschung. Gedanken sind Schwingungen,

Vorstellungen sind Anweisungen an das Unterbewußtsein. Wenn Sie beispielsweise an die Farbe Rot denken, dann entsteht nach wenigen Sekunden in Ihrem Gehirn ein bestimmtes Wellenmuster. Dieses Wellenmuster wird nun von Farbe zu Farbe reduziert, bis Sie die Alpha-Stufe erreicht haben. Im Alphazustand ist das Tor zum Unterbewußtsein geöffnet, und es ist aufnahmebereit für Ihre Suggestionen und Bilder.

Jede Farbe hat ihre Bedeutung. Nachfolgend die Bedeutung der wichtigsten Farben:

Rot ist die Farbe der Aktivität, der Aggressivität, des Mutes und der Energie.

Orange ist die Farbe der Elastizität, der Anpassungsfähigkeit, der Ausstrahlung und Flexibilität.

Gelb bedeutet starkes Gefühlsleben, Großmütigkeit und Empfänglichkeit für Intuition.

Grün ist die Farbe des Optimismus, der Lebensfreude und der positiven Einstellung.

Blau bedeutet verstandesbetontes Denken, Ordnungssinn und Sinn für Gerechtigkeit.

Lila ist die Farbe der lebhaften, geistigen Tätigkeit und des Pflichtbewußtseins.

Violett ist die Farbe der Religiosität*, des schöpferischen Tuns.

Diese Farben müssen der Reihenfolge nach visualisiert werden.

Wenn Sie die Farbe Violett erreicht haben, haben Ihre Gehirnwellen eine Frequenz von 7 – 10 Hertz erreicht. In diesem Zustand ist das Unterbewußtsein für Suggestionen und Bilder offen. Der bewußte Verstand ist in seiner Aktivität reduziert,

---

* Mit Religiosität ist keine bestimmte Konfession gemeint. *Religio* bedeutet „Rückbindung", sich auf etwas besinnen, ohne eine Institution dahinter zu sehen.

immer weniger störende Gedanken dringen in Sie ein. In dieser Phase sollte eine eigene „Bilderbuchwelt" entstehen. Sie können sich ohne Begrenzung alles vorstellen. Sie können in dieser Dimension alles erreicht haben. Sie müssen sogar davon überzeugt sein, daß Sie *es* erreicht haben, sonst kann *es* sich nicht verwirklichen. Sie projizieren das erwünschte Endziel auf Ihren „geistigen Bildschirm" und erfreuen sich daran.

Am besten ist, Sie sprechen sich den Entspannungstext auf Band, damit Sie mit Ihren Gedanken nur Ihren Worten zu folgen brauchen. Auch dabei ist es empfehlenswert, im Hintergrund eine schöne Musik zu genießen.

Aber vorher ein kleiner Test. Lesen Sie kurz die nächsten Zeilen, dann testen Sie die Qualität Ihres „geistigen Bildschirms".

Schließen Sie die Augen und stellen Sie sich einen Baum vor. Sehen Sie ihn, ist er klein oder groß, ist er dick oder dünn, grün oder nicht? Versuchen Sie, alle Details zu erkennen.

Machen Sie nun diese Übung, schließen Sie die Augen, nur für zwei, drei Minuten.

Haben Sie den Baum gesehen, ist er auf Ihrer geistigen Leinwand erschienen oder haben Sie ihn sich nur vorgestellt? Konnten Sie Einzelheiten erkennen oder war er verschwommen? Wenn Sie ihn sofort deutlich gesehen haben, dann ist Ihr geistiger Bildschirm aktiviert. Wenn Sie nur Bruchstücke gesehen haben, dann sind Ansätze da, und mit ein wenig Übung wird er voll aktiv sein. Sollten Sie jedoch nichts gesehen haben, dann ist Ihr Bildschirm nicht aktiv. Dies ist kein Beinbruch, denn Sie haben dann andere geistige Sinnesorgane, die vielleicht besser funktionieren. Sie können sich den Baum vorstellen oder ihn denken, Sie können ihn aber auch fühlen. Was immer ausgeprägt ist, ist gut. Glauben Sie nicht, man müßte klar bildhaft sehen können, um etwas zu verursachen oder ein Ziel zu programmieren. Das stimmt nicht. Als ich die Selbsthypnose kennenlernte, glaubte ich das viele Jahre lang und wollte unbedingt geistig sehen können. Was ist passiert? –

„Jede Anstrengung bewirkt das Gegenteil." Daher habe ich es aufgegeben und mich auf meine anderen Sinne wie das Vorstellen und das Fühlen eingestellt und siehe da, es ging genauso.

Dabei muß ich noch klarstellen, jeder Mensch kann als Kind bildhaft sehen. Wir haben es nur im Laufe des Erwachsenwerdens verlernt. Auch wenn wir verlernt haben, sie anzuwenden, besitzen wir die Fähigkeit des bildhaften Sehens trotzdem noch. Das Unterbewußtsein wandelt alles in Bilder um. Deshalb ist es nicht wichtig, mit dem Verstand Bilder sehen zu wollen, sondern einfach in der Gewißheit, daß es funktioniert, das Richtige zu programmieren. Den Rest erledigt das Unterbewußtsein von selbst. Also, Sie sollen nichts erzwingen, sondern das annehmen, was kommt. Es hat bestimmt seinen Grund.

Wenn Sie bildhaftes Sehen üben möchten, dann können Sie dies tun, indem Sie die folgenden Figuren mit offenen Augen ansehen, dann die Augen schließen und sich das eben Gesehene vorstellen.

In meinen Seminaren stellte sich heraus, daß manche Menschen Farben nur in Ansätzen sehen. Auch diesen Bereich können Sie üben.

Kaufen Sie sich Plakatkartons in den genannten sieben Farben. Dann nehmen Sie die erste Farbe (Rot), biegen den Karton zu einem Halbkreis und stellen ihn vor sich auf dem Tisch auf. Nun halten Sie den Karton mit den Händen fest und beugen Ihren Kopf so weit vor, bis der ganze Horizont Ihrer Augen nur noch die Farbe Rot sieht. Dann sehen Sie die Farbe an und schließen die Augen. Nun stellen Sie sich die Farbe mit geschlossenen Augen vor. Dann öffnen Sie die Augen wieder, sehen die Farbe an, schließen die Augen wieder und stellen sich die Farbe wiederum vor. Machen Sie dies einige Minuten lang, solange Sie Lust dazu haben. Dann nehmen Sie die nächste Farbe und fahren so fort.

Zum Schluß können Sie eine Probe machen, die sehr interessant ist: Stellen Sie alle Kartons hintereinander auf den Tisch, so daß sie in Reichweite sind. Dann schließen Sie die Augen und nehmen einen der sieben Kartons aus der Reihe. Diesen plazieren Sie jetzt vor Ihren geschlossenen Augen. Sie beugen sich nun so weit dem Karton entgegen, daß Ihr Blickfeld nur den Karton bzw. die Farbe umfaßt. Versuchen Sie jetzt, mit geschlossenen Augen die Schwingung der Farbe zu spüren. Raten Sie, welche Farbe es ist. Sie werden mit Erstaunen feststellen, daß Sie in sicherlich 8 oder 9 von 10 Versuchen die richtige Farbe ,,spüren". Sie können mit diesem Test die Schwingung der Farben wahrnehmen. Dies beweist, daß Sie eine Farbe geistig nicht zu sehen brauchen, sondern daß Sie sich lediglich die Farbe denken müssen, damit das Unterbewußtsein den Impuls der Gehirnwellenveränderung abgeben kann. Das geistige Vorstellen ist also ganz einfach, in keinem Falle kompliziert.

Das „Rückwärtszählen"

Diese Technik zur Selbsthypnose wende ich gerne an, wenn ich noch in Aktivität bin, also nicht so leicht abschalten kann, oder wenn ich mich in einer Umgebung aufhalte, wo Lärm und Geschäftigkeit herrschen. Ich verbinde mit jeder Zahl eine Suggestion dessen, was ich erreichen will. Diese Methode engt das Bewußtsein mehr ein, während die Farbentspannung das Bewußtsein erweitert. Jede Methode kann zur passenden Gelegenheit benutzt werden.

Üben Sie beide Varianten – die Farbentspannung und das Rückwärtszählen – und Sie werden bald die Vorteile jeder Methode erkennen.

Wie funktioniert das „Rückwärtszählen"?

Diese Technik engt die Konzentration auf das ein, was Sie sich suggerieren. Man könnte es eine kleine „Vergewaltigung" des Unterbewußtseins nennen, aber ich meine damit eine positive Manipulation. Mit diesem Zählen verbindet das Unterbewußtsein die Gewohnheit, empfänglich für Suggestionen zu werden. Wenn Sie diese Methode einige Male praktiziert haben, dann können Sie sie überall leicht anwenden. Auch hier haben Sie die Möglichkeit, eine Cassette vorzubereiten, damit Sie sich voll auf die Übung konzentrieren können. Üben Sie mit dem Band so lange, bis Ihnen der Text in „Fleisch und Blut übergegangen" ist. Dann brauchen Sie keine Hilfsmittel mehr und können sich innerhalb von Sekunden in Selbsthypnose versetzen.

Zu Beginn ist eine Cassette empfehlenswert, weil Sie sonst zuviel denken müßten und sich doch eigentlich entspannen sollten. Viele Menschen können sich nicht genügend entspannen, weil sie zu sehr damit beschäftigt sind, sich an den Text zu erinnern. Wenn Ihnen der Text vorgesprochen wird, dann können Sie loslassen und brauchen sich nur auf die Worte zu konzentrieren.

Beim Rückwärtszählen können Sie folgendermaßen vorgehen: Sie legen oder setzen sich hin, nachdem Sie zuvor vielleicht eine vorbereitende Entspannungsübung gemacht haben. Dann schließen Sie die Augen und hören auf den Text der Cassette. Im Text zählen Sie nun langsam von zehn bis null rückwärts und lassen nach jeder Zahl eine kleine Pause, damit Sie genug Zeit haben, sich eine Suggestion zu denken. Anfangs empfehle ich, die Suggestionen aufzusprechen. Details erfahren Sie im nachfolgenden Kapitel. Ich empfehle immer, am Anfang nur Entspannung zu suggerieren und den Gedankenbefehl, daß Sie sich mit jeder Übung leichter und schneller entspannen können.

Das Besprechen einer Cassette

Beim Besprechen der Cassette sollte Ihre Stimme ganz ruhig sein. Wenden Sie keinen Befehlston an. Sprechen Sie mit Ihrem Unterbewußtsein, wie Sie mit Ihrem besten Freund sprechen würden. Seien Sie auch nicht überrascht, wenn Ihnen Ihre Stimme oder die Situation komisch vorkommen. Denken Sie einfach an das, was Sie erreichen möchten. Sie wissen, daß Sie mit Hilfe Ihres Unterbewußtseins alles erreichen können, was Sie sich vorstellen und was Sie geistig erfassen können.

Schreiben Sie sich den Text auf und sprechen Sie ihn dann auf Band. Sie sprechen zuerst den Einleitungstext, dann die Entspannung, danach die Suggestionen und zum Schluß den Text zur Beendigung der Hypnose. Die einzelnen Texte werde ich noch genauer erläutern.

Wie aktivieren wir Geist, Seele und Körper in der Entspannung?

Wenn sich alle drei Kräfte gemeinsam auf ein bestimmtes Ziel konzentrieren, ist der Erfolg am nachhaltigsten. Bei der Selbsthypnose ist dies nicht anders. Daher wollen wir uns die Wirkung der einzelnen Kräfte ansehen.

Der Geist

Er sollte während der Selbsthypnose dienend aktiv sein. Störungen und Zweifel, die durch seinen Filter laufen, sollten beseitigt werden. Damit der Geist ruhig ist, muß er beschäftigt werden. Wir können ihn mit Suggestionen beschäftigen. Suggestionen wirken in erster Linie auf den Verstand, denn das Unterbewußtsein wandelt alles in Bilder um. Daher versteht es auch keine Verneinungen. Wenn Sie zum Beispiel denken ,,Ich möchte nicht hinfallen", dann assoziiert das Unterbewußtsein sofort das Bild ,,hinfallen". Für Nicht-Hinfallen gibt es kein Bild. Sie müßten dafür eine positive Formulierung finden wie etwa: ,,Ich gehe sicher und ruhig". Dafür gibt es in Ihrem Unterbewußtsein ein Bild.

Immer wenn Sie negativ oder verneinend denken, dann wird der bildhaft vorstellbare Wortinhalt gedanklich umgesetzt, und zwar gerade nicht in das ,,Bild", das Sie sich wünschen.

Der Geist muß daher auf das ausgerichtet werden, was Sie erreichen möchten. Daher müssen wir unser Endziel positiv und aufbauend formulieren, als wäre das Ziel bereits erreicht. Dann ist dies für das Unterbewußtsein eine klare Anweisung und eine Beschäftigung für den Geist, damit sich nicht unerwünschte Gedanken einschleichen können. Ihr Vorteil: Sie können nur einen Gedanken nach dem anderen denken; Schritt für Schritt kommen Sie Ihrem Ziel auf diese Weise näher.

Konfuzius sagte einmal:

„Wenn die Sprache ungenau ist,
stimmt das, was gesagt wird,
nicht mit dem überein, was gemeint ist.
Wenn aber das, was gesagt wird,
nicht mit dem übereinstimmt, was gemeint ist,
kann das, was getan werden soll,
nicht ausgeführt werden."

Konfuzius, 551 – 478 v. Chr.

Besser kann man es auch in der Selbsthypnose nicht formulieren. Beschäftigen Sie also die erste große Kraft in Ihnen — den Geist — mit der Suggestion. Die Suggestion muß präzise ausgearbeitet werden.

Die Vorstellungskraft ist in unserem Geist verankert. Sie liefert dem Unterbewußtsein das Bild. Wir können uns etwas vorstellen und es wird vom Unterbewußtsein verstanden. Die Vorstellung wird dem Unterbewußtsein zum Maßstab. Je klarer also die Vorstellung ist, um so präziser wird die Anweisung.

Die Seele

Diese unterschwellige Kraft von nicht beschreibbarer Größe ist der Schatz in uns. Wir können mit ihrer Hilfe alles erreichen, wenn wir wirklich *wollen*. Die seelische Kraft ist die Kraft des Unterbewußtseins. Das Unterbewußtsein setzt, wie schon gesagt, jedes Wort in ein Bild um. Seine Sprache ist bildhaft. Worte sind nur für den Geist und unser Gehirn wirksam. Jedes Wort ist mit einer bestimmten Vorstellung behaftet, die vom Unterbewußtsein assoziiert wird. Das Wort holt sich das Bild, oder aber das Bild holt sich vom Verstand das Wort. Das Unterbewußtsein ist auch der Gefühlsspeicher. Das Gefühl wiederum ist der Antrieb, unsere Motivation.

Jedes Bild wird von einem Gefühl begleitet. Es gibt keine neutrale Wertung, denn alles wird in uns entsprechend unserer

Erfahrung mit einem Plus oder einem Minus belegt. Zwar können wir versuchen, neutral zu sein, aber es wird uns nicht gelingen. Genau hier müssen wir mit der Arbeit an uns selbst beginnen, denn es ist unsere Aufgabe, alles neutral zu sehen, ohne dagegen oder dafür zu sein. Die Wertung findet meist ohne unser bewußtes Zutun statt, denn sie ist spontane Assoziation. Eine bestimmte Situation löst diese Assoziation aus. Alle vergangenen Erfahrungen in allen Bereichen sind in uns gespeichert; das Unterbewußtsein hat ein unendliches Reservoir. Sobald wir die Lebensgesetze kennen, müssen wir darauf achten, diese zu unserem Vorteil einzusetzen. Das bedeutet, sich nicht von den eingespeicherten Programmen oder Assoziationen steuern zu lassen. Wir haben es schließlich jederzeit in der Hand, unsere Programme zu ändern. Die Gefühle, die in bestimmten Situationen auftreten, sollten uns bewußt sein, damit wir nicht automatisch reagieren.

Für die Selbsthypnose ist der Gefühlsspeicher von großer Bedeutung. Das Gefühl deutet dem Unterbewußtsein die Intensität, die Wichtigkeit und den Stellenwert des Zieles an. Wenn Sie sich in Selbsthypnose ein Programm eingeben, müssen Sie sich dabei vorstellen können, wie es ist, wenn Sie das Ziel erreicht haben, und Sie müssen sich so fühlen, als hätten Sie es schon erreicht. Es muß Freude und Glück aufkommen, Dankbarkeit und Frohmut. Sie müssen in der Vorstellung und im Empfinden ein wahrlicher Meister-Schauspieler sein. Wohlgemerkt, all dies läuft in Ihrem Inneren ab. Niemand braucht davon etwas zu wissen. Nur Sie alleine müssen an Ihr Ziel glauben. Denn die Glaubenskraft kann bekanntlich Berge versetzen.

An sich zu glauben kann man lernen. Wenn Sie die Lebensgesetze beachten und im kleinen beginnen, können Sie Schritt für Schritt lernen zu glauben, weil Sie erkennen werden, daß das Schicksal gerecht ist. Im Kosmos gibt es nur absolute Gerechtigkeit, denn Kosmos bedeutet Ordnung.
Wir dürfen nur nicht auf den äußeren Schein hereinfallen. Wir

müssen immer versuchen, die Zusammenhänge im Gesamten zu erkennen. Erst dann wird uns bewußt, daß es nur *Ursache* und *Wirkung* gibt. Das ist die Gerechtigkeit.

Die Glaubenskraft ist ebenfalls im Unterbewußtsein verankert; mit ihr erreichen Sie das, was Sie möchten. Jeder Mensch kann glauben. Manche Menschen glauben, daß sie vom Schicksal bestraft werden, andere glauben, daß sie Glückskinder sind, wieder andere glauben, daß sie nie gesund werden, und manche glauben, daß sie immer gesund bleiben. Alle glauben an etwas, und jeder hat aus seiner Sicht recht. Jeder Mensch wird das erleben, was er in seinem Innersten glaubt. Wenn Sie positiven Glauben haben, werden Sie immer von einem guten Gefühl begleitet werden, von einer unbeschreiblichen Sicherheit, die oft nicht zu erklären ist. Der positive Glaube ist auch dann da, wenn alle äußeren Anzeichen vollkommen dagegen sprechen.

In der Entspannung sollte stets der positive Glaube an das vorherrschen, was Sie erreichen möchten. Je stärker der Glaube ist, desto deutlicher ist auch das Gefühl, desto schneller sorgt der Kosmos dafür, Ihre Wünsche zu erfüllen.

Der Körper

Während der Entspannung sollte die körperliche Aktivität ganz eingestellt werden. Der Körper sollte in dieser Phase das bekommen, was ihm guttut, nämlich Ruhe und Entspannung. Erst nach dem bewußten Verursachen, der Selbsthypnose, kann der Körper in Aktion treten, wenn Sie in der materiellen Welt zur Tat schreiten. Der Körper kann Ihr Unterbewußtsein stark beeinflussen, wenn Sie seine Bedürfnisse nicht erkennen und befriedigen. Dauernder Streß belastet alle Organe, die ihrerseits wiederum Hilferufe an das Unterbewußtsein aussenden. Zu wenig Bewegung beeinträchtigt das Gemüt, weil der Körper dazu gebaut ist, aktiv zu bleiben, und die Muskeln laufend trainiert werden müssen. ,,Nur in einem gesunden Körper kann auch ein gesunder Geist wohnen", sagten die alten Römer. Damit ist gemeint, daß der Körper nicht vernachlässigt werden darf.

Sie sehen, daß auch in der Entspannung durchaus alle Kräfte ihren Teil dazu beitragen müssen, damit Sie sich bewußt programmieren können.

Der Geist muß genau wissen, was er will, sowohl in Worten als auch in der Vorstellung; die Seele dagegen muß an etwas glauben, ein positives Gefühl erzeugen; und der Körper muß sich entspannen, damit alle feinen, unterschwelligen Schwingungen in den Kosmos gesandt werden können.

Programmieren in der Selbsthypnose

Bisher haben wir die Vorbereitungen zur Selbsthypnose besprochen, die Entspannung und die beiden Arten der Selbsthypnose: das Rückwärtszählen und die Farbentspannung. Nun folgt die Arbeit, die Sie leisten müssen, wenn Sie sich in Selbsthypnose versetzt haben, wenn Sie die Ebene des Unterbewußtseins erreicht haben.

Wenn wir von Programmieren sprechen, ist gemeint, daß wir ein vorhandenes Programm gegen ein neues austauschen. Programmieren ist zwar ein technischer Ausdruck, aber er trifft die Sache am besten.

Zum wirkungsvollen Programmieren sind drei Dinge wichtig:

1. Die Suggestion (Wort)
2. Die Vorstellung (Bild)
3. Der Glaube (Gefühl)

Die Kraft der Suggestion

Die Suggestion ist die wörtliche Formulierung unseres Zieles. Sie ist deshalb so wichtig, weil wir unsere Gedanken durch sie gezielt lenken können. Jedes Wort erzeugt im Unterbewußtsein ein Bild. Stimmt die Suggestion, dann wird im Unterbewußtsein ein erwünschtes Bild dazu abgerufen. Die Suggestionen müssen daher sorgfältig ausgearbeitet werden, da sie ein positives Umdenken erfordern. In der Suggestion müssen wir das ausdrücken, was wir wollen. Es soll eine Beschreibung des Endresultates sein. Wir haben schon erwähnt, daß das Unterbewußtsein keine Verneinungen versteht. Dazu kann es kein Bild erzeugen. Daher muß eine Suggestion folgendermaßen aufgebaut werden:

* Das Ziel muß immer ich-bezogen sein.
* Die Formulierung muß gegenwartsbezogen, im Präsens sein, zum Beispiel „es ist, ich bin, ich fühle, ich habe, ich sehe, ich tue."
* Verneinungen oder negative Formulierungen dürfen nicht benutzt werden. Also nicht: „ich will nicht daß" oder „nie mehr möchte ich".
* Die Formulierung darf keine Absichtserklärung beinhalten wie „ich möchte, ich werde dann, hoffentlich" und ähnliche Formulierungen.

Formulierungsbeispiele

1. Beispiel: Ziel Gesundheit/Kopfschmerzen

Falsch: „Ich habe keine Kopfschmerzen mehr. Ab sofort bin ich frei von Kopfschmerzen. Ich bin froh und dankbar, keine Kopfschmerzen mehr zu haben."

Richtig: „Mein Kopf ist klar und frei. Mit jedem Atemzug spüre ich wohltuende Frische in meinen Kopf strömen. Ich freue mich, daß mein Kopf klar und frei ist. Ich fühle mich froh und gesund."

Im ersten Fall wurde die Aufmerksamkeit auf die Kopfschmerzen gelenkt, und da das Unterbewußtsein keine Wertung vornimmt, setzt es alles daran, den Endzustand, nämlich die „Kopfschmerzen", zu produzieren. Im zweiten Fall wird die Aufmerksamkeit auf einen „klaren und freien Kopf" gelenkt. Dieses Bild wird im Unterbewußtsein als ein erstrebenswertes Ziel erkannt und es setzt alles daran, dieses zu erreichen. Ich möchte aber hier noch eines klarstellen: Die Selbsthypnose kann zwar sehr gut heilen, aber keinen Arzt ersetzen. Mit Selbsthypnose können Sie den Heilungsprozeß wesentlich beschleunigen und Gesundheit erhalten. Sie können auch – je nach Ihren Fähigkeiten – Schmerzen wegsuggerieren. Dabei ist aber wichtig, daß das nur geschieht, um Zeit zu gewinnen, das Nötige zu tun, denn Schmerz ist ein Signal des Körpers, daß etwas nicht in Ordnung ist. Es darf nicht Ihr Ziel sein, nur den Schmerz zu beseitigen, denn die Ursache des Schmerzes muß beseitigt werden.

2. Beispiel: Ziel Gesundheit/Magenschmerzen

Falsch: „Ab sofort habe ich keine Magenschmerzen mehr. Ich habe eine gute Verdauung und keine Magenschmerzen mehr. Ich kann essen was ich will und habe nie mehr Magenschmerzen."

Richtig: „Eine wohlige Wärme durchströmt meinen Magen. Ich esse das Richtige und habe eine optimale Verdauung. Ich kaue meine Nahrung gut, und mein Magen arbeitet vollkommen normal und verdaut alle Nahrung, die ich zu mir nehme. Ich fühle mich wohl und

> genieße es, einen gesunden Magen zu haben. Ich ernähre mich richtig und fühle mich von Tag zu Tag wohler."

Auch hier ist die erste Formulierung negativ auf Magenschmerzen, die zweite positiv auf Wohlbefinden, ausgerichtet. Gerade im Bereich der Gesundheit können Sie mit Selbsthypnose viel erreichen, weil die meisten Krankheiten über die Psyche ausgelöst werden.

Wenn Ihr Arzt sagt, Sie sind organisch völlig gesund, ist Ihr Leiden psychosomatisch. Ich kenne viele Menschen aus meinen Beratungen, die unzählige Therapien durchgemacht haben und doch nicht gesund wurden. Sie konnten sich nicht gesund „sehen", sie glaubten nicht an ihre Gesundheit. Therapien können in einem solchen Fall nicht wirken, weil die geistigen Kräfte dagegenarbeiten. Eine Therapie ist so gut, wie Sie sie zulassen und wie Sie sich dabei entwickeln. Je mehr Erkenntnisse Sie aus der Krankheit ziehen und je schneller Sie Ihr inneres Programm ändern, desto schneller werden Sie die Krankheit überwinden.

3. Beispiel: Ziel Geld/Reichtum

Falsch: „Ich habe genügend Geld, alles was ich brauche, steht mir zur Verfügung. Ich habe eine Million auf dem Konto. Ich bin frei von allen Geldsorgen. Geld fließt mir zu. Ich brauche nichts mehr zu tun, alles fliegt mir zu."

Richtig: „Ich tue das Richtige und verdiene immer mehr. Ich habe genügend Geld auf dem Konto. Ich kann alle meine Verpflichtungen leicht erfüllen. Ich bin offen für neue Möglichkeiten und verdiene von Monat zu Monat mehr. Ich bin dankbar, auf meinem Konto eine Reserve zu haben. Ich arbeite mit Freude, habe die richtigen Ideen und verdiene immer mehr."

Bei Formulierungen um Geld ist es besonders schwierig, weil häufig unrealistische Geldbeträge genannt werden, die das Vorstellungsvermögen übersteigen. Wenn jemand, der verschuldet ist, sich vorstellt, er habe eine Million auf dem Konto, bedarf es großer Imaginationskraft, sich diese vorzustellen. Der geringste Zweifel hindert ihn dann an der Zielerreichung. Das Ziel muß glaubhaft und vorstellbar sein. Im Kapitel Zielerreichung werden wir hierzu noch einiges ausführen.

4. Beispiel: Ziel Partnerschaft/Glück in der Beziehung

Falsch: ,,Mein Partner verhält sich richtig, und wir sind glücklich. Er tut alles, damit unser Glück vollkommen wird. Wir verstehen uns von Tag zu Tag besser, und er tut das . . . jenes . . . nicht mehr. Er läßt mir die nötige Freiheit und vertraut mir. Wir sind glücklich."

Richtig: ,,Ich bin gut zu meinem Partner und freue mich, mit ihm zusammen zu sein. Ich gebe ihm die Freiheit, die er braucht, und gebe in jeder Situation das Beste. Ich bin tolerant und nehme seine Zuneigung an. Ich gebe stets das Beste in jeder Situation und gehe als leuchtendes Beispiel voran."

Bei Formulierungen um das Zusammenleben oder die Liebe ist es wichtig zu beachten, daß wir nicht die Möglichkeit haben, mit Selbsthypnose den anderen zu beeinflussen. Wir können nur uns in Ordnung bringen und als ,,leuchtendes Beispiel" vorangehen. Wir haben nicht das Recht, dem anderen unsere Vorstellung aufzudrängen. Lieben heißt Geben. Durch Geben können wir lernen, Liebe anzuziehen. Die Autosuggestion ist hierbei eine hervorragende Hilfe.

Sie haben sicher erkannt, wie wichtig die richtige Formulierung ist. Es passieren oft Fehler, weil die Suggestion einfach schnell erdacht wird und weil keine kritische Prüfung erfolgt.

Fehler, die beim Formulieren passieren können

* Sie formulieren unpräzise und ungenau. Das Ergebnis wird dann ebenso ungenau aussehen.
* Sie formulieren das Ziel zu extrem, also unrealistisch. Da sich dann der Zweifel meldet, werden Sie auch damit keinen Erfolg haben. Einerseits geben Sie dem Unterbewußtsein in Form von Wort und Bild Ihr Ziel vor, andererseits zweifeln Sie im Innersten, und die seelischen Kräfte arbeiten dann gegen Ihr Ziel.

,,Wenn Wille und Glaube einander feindlich gegenüberstehen, siegt immer und ausnahmslos der Glaube".

* Sie wechseln häufig Ihre Suggestionstexte, um mehrere Ziele gleichzeitig zu erreichen. Dabei werden Sie feststellen, daß Sie zwar allen Zielen näherrücken, Sie aber keinen durchschlagenden Erfolg haben. Sie zerstreuen Ihre Kräfte! Wohlgemerkt:

,,Worauf sich meine Aufmerksamkeit richtet, dorthin fließt meine Lebensenergie."

Zu vieles erreichen zu wollen bedeutet, die Lebensenergie zu zersplittern. Es ist wie das Schießen mit einer Schrotflinte. Die Kugeln verstreuen sich beim Abschuß in die Breite, ein Ziel kann kaum getroffen werden. Anders ist es mit einem Pfeil. Die Kraft ist geballt und konzentriert, und Sie können damit ein entferntes Ziel sicher erreichen.

* Sie können sich mit Ihrem Text nicht identifizieren. Sie ,,leiern" die Suggestionen einfach herunter oder sind nicht davon überzeugt, daß der Text Ihr Unterbewußtsein positiv beeinflußt.

Daher schlage ich Texte immer nur vor. Ausformulieren

müssen Sie diese selbst mit Ihren Worten, so daß Sie sich damit identifizieren können. Jedes Wort muß Ihnen gefallen. Verwenden Sie Ihren eigenen Wortschatz, allerdings positiv und aufbauend.

* Sie zweifeln an Ihren eigenen Worten, nach dem Motto ,,Ich mache mir doch etwas vor, die Realität ist doch ganz anders." Wenn Sie so denken, ist der Mißerfolg schon vorprogrammiert. Denken Sie daran: Das, wovon Sie annehmen, daß es in der Zukunft passieren müßte, ist auch nur eine Vermutung, ohne jeglichen Beweis. Es existiert auch nur in Ihrem Geist, genauso unreal wie Ihre formulierte Suggestion. Wenn Sie etwas an Ihrer Zukunft ändern wollen, dann müssen Sie das in die Zukunft projizieren, was Sie sich wünschen und nicht das, was Sie befürchten.

* Sie schließen andere in Ihre Formulierungen ein und wollen sie beeinflussen. Auch dies ist ein Fehler, denn Sie können von anderen positiv denken, sollen sogar positive Gefühle und Gedanken aussenden, aber Sie sollen und können andere nicht ändern, sondern nur sich selbst, auch wenn Sie es noch so gut meinen.

* Ihre Motivation stimmt nicht – nach dem Motto: ,,Nun, ich versuche es einmal, und wir werden ja sehen, was dabei herauskommt." Diese Einstellung wäre gut, hätten Sie einen positiven, unerschütterlichen Glauben. Meist aber ist der negative Glaube vorherrschend, und dann kann die Selbsthypnose nicht funktionieren.

Niederschrift der eigenen Suggestionen

Klären Sie zuerst, was Sie mit der Selbsthypnose erreichen möchten. Formulieren Sie dann das Problem mit Ihren Worten. Anschließend arbeiten Sie die positive Suggestion für Ihr wichtigtes Ziel aus.

Ziele, die ich mit Hilfe der Selbsthypnose erreichen möchte:

1.	
2.	
3.	
4.	
5.	
6.	
7.	
8.	
9.	
10.	

Wägen Sie nun ab und notieren Sie am rechten Rand die Prioritäten. Machen Sie eine A-B-C Analyse (sehr wichtige, wichtige, weniger wichtige Ziele). Es genügt vorerst, drei Ziele zu kennen. Nehmen Sie nun das A-Ziel und formulieren Sie es mit Ihren Worten aus.

1. Beispiel: Ich will mehr Geld verdienen.

Ich hasse es, jeden Morgen zu meiner Arbeit zu gehen. Ich möchte einen anderen Beruf haben und mehr verdienen. Ich möchte aktiv mitarbeiten und nicht nur ein Mitläufer sein. Ich komme mit meinen Arbeitskollegen nicht zurecht. Jeden Morgen muß ich mich überwinden, zur Arbeit zu gehen. Ich will Freude an meiner Arbeit haben und mehr verdienen.

Das ist also Ihre Situation. Jetzt können Sie an die Arbeit gehen und eine positive Veränderung in Ihrem Leben mit Hilfe der Selbsthypnose herbeiführen.

Die Suggestion muß so gewählt werden, daß Sie es rational für möglich halten und Ihrem Unterbewußtsein das Ergebnis des erwünschten Endzustandes präsentieren. Liegt der Wunsch außerhalb Ihrer Vorstellungskraft, dann prallen konträre Programme aufeinander.

Mögliche Suggestion:

Ich gebe in meiner Arbeit das Beste. Ich nehme meine Kollegen an, wie sie sind. Durch mein freundschaftliches Verhalten und mein fleißiges Tun ziehe ich die mir zustehende richtige Position magnetisch an und verdiene mehr Geld. Ich gebe stets mein Bestes und freue mich, ein leuchtendes Vorbild zu sein.

Um die richtige Position zu erhalten, müssen Sie sich innerlich dazu bereit machen. Wenn Sie die Gegenwart als absolut sehen und glauben, Sie könnten nichts ändern, dann gibt es keinen Ausweg. Versuchen Sie zuerst zu erkennen, warum Sie diese Schwierigkeiten haben, lernen Sie daraus und geben Sie dann dem Schicksal Bescheid, daß Sie nun bereit sind, aus der Situation gelernt haben und diese Hindernisse ab sofort überflüssig sind. Sie haben die Aufgabe erkannt und sind nun bereit für eine neue, bessere Position. Erkennen Sie, daß Sie nicht zufällig dort stehen, wo Sie heute sind. Lernen Sie die Lektion daraus und machen Sie sich bereit für Neues, Besseres.

Bei Formulierungen über Erfolg, Geld, Karriere und Wohlstand empfehle ich immer, einen aktiven Schritt damit zu verbinden. Warum? Viele glauben, sie brauchen nur programmieren und das Schicksal bringt ihnen dann alles ins Haus, ohne daß sie in Aktion treten müßten. Das stimmt nicht. Wir haben unseren Körper, damit wir in Aktion treten können. Mit der Formulierung des aktiven Tuns bekunden wir dem Schicksal:

„Ich bin bereit, einen Einsatz zu bringen." Wir wollen dann nicht nur etwas haben, sondern wir bieten auch unseren Einsatz dafür.

Zu suggerieren „Ich habe eine Million auf dem Konto" ist daher unrealistisch; aber zu suggerieren, daß Sie durch bessere Leistung, Einsatz und gute Ideen besser entlohnt werden, ist realistisch. Warten Sie nicht auf eine schnelle Mark, einen Lottogewinn. Sollten Sie darauf warten, möchte ich erwähnen, daß nur zwei bis drei Prozent der Lottogewinner damit glücklich geworden sind. Alle anderen hatten nach einiger Zeit mehr Schulden als vorher. Wer mehr verlangt, als er verdient, den stellt das Schicksal manchmal auf die Probe. Wer aber dann nicht richtig damit umgeht, fällt tiefer, und muß von vorne beginnen.

2. Beispiel: Ich will gesund werden.

Ich befinde mich immer in Streßsituationen, die sich bereits auf meine Gesundheit auswirken. Nachts kann ich nicht mehr ruhig schlafen, oft habe ich Schweißausbrüche, trinke zuviel Kaffee und stehe den ganzen Tag unter Druck. Ich spüre schon manchmal Herzbeschwerden. Ich will den Streß loswerden und mehr Zeit für Entspannung haben.

Mögliche Suggestion:

„Ich bin in jeder Situation ruhig und gelassen. Ich erledige eine Sache nach der anderen und bleibe dabei immer ruhig und gelassen. Mein Herz schlägt ruhig und gleichmäßig. Abends, wenn ich mich ins Bett lege, schlafe ich sofort ein und schlafe tief und fest bis morgens durch. Morgens wache ich frisch und erholt auf. Ich entspanne mich während jeder kurzen Pause und bleibe in jeder Situation ruhig und gelassen. Ich genieße die Ruhe in mir."

Matthew Manning, der berühmteste englische Heiler, ist der Auffassung, daß alle Krankheiten durch Streß ausgelöst werden. Er glaubt, daß durch Streß das Immunsystem geschwächt wird und sich daher verschiedene Krankheiten ausbreiten können. Sie tun also viel Gutes für Ihre Gesundheit, wenn Sie sich entspannen und dadurch Ihren Geist und Ihren Körper kräftigen.

Lassen Sie sich regelmäßig untersuchen und tun Sie das, was Ihnen der Arzt rät. Sie können durch richtige Ernährung und eine gesunde Einstellung mehr für Ihren Körper tun als durch Psychopharmaka. Eine gesunde Einstellung ist das beste Heilmittel. Alles andere kann diesem Prozeß nur förderlich sein. Nur wenn Sie Gesundheit zulassen, kann sie sich auch verwirklichen. Wichtig ist dabei die Korrektur Ihres Selbstbildnisses. Wir werden später ausführlich darauf zurückkommen.

Der Vater des positiven Denkens, Dr. Joseph Murphy, schreibt:

„Der unendlichen Kraft Ihres Unterbewußtseins ist nichts unmöglich. Alles, was Sie wirklich glauben, wird sich verwirklichen."

Gehen Sie nun an die Arbeit und formulieren Sie Ihr A-Ziel in üblicher Form. Notieren Sie einfach, was Sie stört und unzufrieden macht:

_____

_____

_____

_____

_____

_____

_____

_____

Wie können Sie Ihr Ziel kurz beschreiben?

_____

Nun folgt die positive Formulierung Ihrer Suggestionen. Achten Sie dabei darauf, den Text ich-bezogen und im Präsens zu formulieren und den Endzustand ohne Verneinungen und Absichten zu beschreiben.

Meine persönliche Suggestion für mein wichtigstes Ziel:

_____

_____

_____

_____

_____

_____

_____

An dieser Suggestion können Sie immer wieder Verbesserungen anbringen. Erst wenn Sie sich mit jedem Wort identifizieren können, sollten Sie mit ihr arbeiten. Lassen Sie sich Zeit. Formulieren Sie Ihr Ziel kurz und knapp. Jeder Satz soll Freude in Ihnen auslösen. Beschreiben Sie immer nur den Endzustand.

Eine ganz allgemein gültige Suggestion, die Sie beliebig ausbauen können, ist zum Beispiel:

„Mir geht es von Tag zu Tag in jeder Beziehung besser und besser."

Emil Coué

Die Kraft der Vorstellung

Jedes Wort wird im Unterbewußtsein in ein Bild umgewandelt. Mit Ihrem Geist haben Sie die Fähigkeit, sich eine nicht vorhandene Situation vorzustellen. Sie können sich ein Bild ausmalen, wie es sein wird, wenn Sie Ihr Ziel erreicht haben. Dieses Bild versteht das Unterbewußtsein und dann geht es an die Arbeit, das Ziel zu verwirklichen. Geben Sie kein Bild vor, sondern nur die Suggestion, dann wird das Unterbewußtsein Bilder assoziieren. Wenn Sie nun bewußt programmieren, sollten Sie gezielt die Bilder vorgeben, die mit Ihren Suggestionen in Einklang sind, ohne daß sich das Unterbewußtsein sein eigenes Bild machen muß. Ihr Geist besitzt die Vorstellungskraft, die die Wirklichkeit schafft.

Achtung:

Die Vorstellung, also das Bild, muß mit den Suggestionen in Einklang stehen, damit Sie ein optimales Ergebnis erhalten. Denken Sie an das Gesetz der Imagination:
,,Jede bildhafte Vorstellung, die uns erfüllt, hat das Bestreben, sich zu verwirklichen.''

Bestimmen Sie daher mit Ihrer Vorstellungskraft, was Sie erreichen wollen. Überlassen Sie nichts dem Zufall, sondern bestimmen Sie diesen. In der Alpha-Phase ist das Unterbewußtsein besonders empfänglich für Worte und Bilder. Wenn Sie in dieser Phase die richtigen Bilder eingeben, beeinflussen Sie das Unterbewußtsein, und es setzt all seine Kräfte zur Verwirklichung des Ziels ein.

Kehren wir zurück zu unseren Beispielen.

Beispiel 1: Gesundheit/Kopfschmerzen

Die Formulierung ist klar. In Ihrem Geist könnten Sie folgendes Bild entstehen lassen: Sie sitzen auf einer Wiese oder an einem Strand und sehen, wie Sie tief durchatmen und wie Sie sich rundum wohlfühlen. Sie können sich vorstellen, wie klar und frei Ihr Kopf ist, Sie können den Zustand eines klaren Kopfes genießen.

Oder Sie können sich vorstellen, beim Arzt zu sein und ihm zu sagen: „Herr Doktor, seit Tagen geht es mir besser, mein Kopf ist frei und ich fühle mich wie neugeboren". Sehen Sie dabei das zufriedene Gesicht Ihres Arztes und fühlen Sie, wie er sich freut und Ihnen die Hand schüttelt.

Hierbei sind Ihren Vorstellungen keine Grenzen gesetzt. Wählen Sie das Bild, bei dem Sie sich am wohlsten fühlen. Lassen Sie sich nicht von der Tatsache beeindrucken, daß es im Moment nur Vorstellung ist, sondern erleben Sie die Vorstellung als Realität in einer höheren Dimension. Damit schaffen Sie Tatsachen.

Beispiel 2: Gesundheit/Magenschmerzen

Hier können Sie sich vorstellen, gerade bei Ihrem Lieblingsmahl zu sitzen. Sie stellen sich vor, wie wohl Sie sich fühlen und zu Ihrem Partner sagen: „Ich kann wieder alles essen, mein Magen ist gesund". Sehen Sie sich in Situationen, in denen Sie früher Schmerzen hatten, nun voller Gesundheit und Freude. Erleben Sie die Situation intensiv. Genießen Sie das Essen in dem Bewußtsein, daß Ihr Magen alles gründlich verdaut.

Geben Sie dem Unterbewußtsein ein klares Bild, wie es ist, wenn Sie sich wohlfühlen und in Ihrem Magen alles in Ordnung ist. Es wird dann seinerseits alles tun, um diesen Zustand hervorzurufen. Achten Sie aber auch darauf, was Sie essen und wie Sie essen.

Beispiel 3: Geld/Reichtum

Hierbei können Sie sich vorstellen, Ihre Kontoauszüge zu betrachten und dabei auf der Haben-Seite einen höheren Betrag zu entdecken. Betrachten Sie den Auszug genau und erfreuen Sie sich an Ihrem Guthaben. Legen Sie einen Ordner an, in dem alle beglichenen Rechnungen abgelegt werden. Stellen Sie sich vor, wie Ihr Bankdirektor Ihnen gratuliert und Ihnen Anlagemöglichkeiten vorschlägt. Sehen Sie sich gut gekleidet durch die Straßen gehen, mit genügend Geld im Portemonnaie.

Unabhängig davon, ob Sie Schulden haben oder nur im Moment nicht flüssig sind. Sie müssen das vorgeben, was Sie im Endergebnis haben möchten. Wenn Sie immer nur an Ihre Schulden denken, dann ziehen Sie weitere Schulden magisch an. Wenn Sie an ein gutes Gehalt denken, wird sich auch das verwirklichen.

Beispiel 4: Partnerschaft

Sehen Sie sich, wie Sie mit Ihrem Partner glücklich spazierengehen, oder wie sich Ihr Partner mit einem Bekannten unterhält und sagt: ,,Du, er/sie ist so tolerant geworden, er/sie hat sich so zum Vorteil verändert. Ich genieße jeden Tag mit ihm/ihr von Neuem."

Sehen Sie sich in Situationen, wo es früher Schwierigkeiten gab, anders reagieren, sehen Sie, wie harmonisch die Stimmung zwischen Ihnen und Ihrem Partner auch in schwierigen Situationen ist.

All diese Bilder müssen in Einklang mit Ihrer Suggestion sein. Sie sollen in der Vorstellungskraft das ausdrücken, was Sie in Worten denken.

Wie sieht Ihr Ziel aus?

Beschreiben Sie es in allen Einzelheiten, malen Sie es sich im Geiste aus. Oder zeichnen Sie sich das Bild wirklich auf Papier. Wenn Sie zum Beispiel abnehmen möchten, könnten Sie sich ein Bild zeichnen, das eine realistische Figur zeigt und dann könnten Sie dieser Ideal-Figur Ihr Gesicht geben, indem Sie ein Photo von sich zerschneiden und die Zeichnung mit Ihrem Kopf vervollständigen. Oder Sie nehmen ein Bild aus der Zeit, als Sie noch die Figur hatten, die Sie wieder haben möchten. Achten Sie darauf, daß es ein realistisches Bild ist. Sie können keine Wunschträume verwirklichen, sondern nur erreichbare Ziele, die zu Ihnen passen und mit denen Sie sich identifizieren können. Lesen Sie sich in Ruhe die Suggestionsformel vor und lassen Sie dabei Ihr Wunschbild entstehen.

Die Beschreibung Ihres Zieles in bildhafter Form:

_____

_____

_____

_____

_____

_____

_____

_____

_____

Die Kraft des Gefühls und des Glaubens

Das Gefühl ist die dritte wichtige Kraft beim bewußten Verursachen. Wenn Sie in der Alpha-Phase Ihre Suggestion denken oder hören und dabei ein schönes Bild des erwünschten Endzustandes vor Ihrem geistigen Bildschirm auftaucht, meldet sich aus dem Unterbewußtsein ein Gefühl: der Glaube.

Dieses Gefühl entscheidet nun, wie schnell Ihr Ziel erreicht wird, wieviel Energie Sie aufwenden müssen.

Je mehr Gefühl Sie einer Sache widmen, desto mehr Energie lenken Sie darauf und desto schneller wird das Ziel erreicht. Das funktioniert sowohl im positiven, wie auch im negativen Sinne. Wir kennen die Energieverschwendung durch Reaktionen wie Ärger oder Haß. Diese Gefühle in eine positive Richtung zu lenken kann Wunder geschehen lassen.

Was passiert beim Ärger? Ein bestimmter Auslöser, eine Situation oder ein Ereignis, gelangt in Form eines Bildes zum Unterbewußtsein. Dort entsteht in kürzester Zeit eine Wertung aufgrund der vorhandenen, eingespeicherten Programme. Wird nun die Situation als „ärgerlich" empfunden, wird der Impuls zum Gehirn gesandt. Nun steigen Gefühle auf, die die Gedanken beschäftigen, und der Kreislauf schließt sich. Die Gefühle versorgen die Situation mit negativer Energie, die wiederum auf alle Organe wirkt.

Dieser Kreislauf wird unterbrochen, indem Sie Gedankendisziplin üben und nur positive, erwünschte Gefühle zulassen. Wenn Sie Ihr Ziel suggerieren, sollten Sie von einem angenehmen, zufriedenen und glücklichen Gefühl begleitet werden. Sie müssen Ihr Bild mit Freude füllen, mit innerer Genugtuung und mit Dank darüber, daß Sie Ihre Ziele verwirklicht haben. Es muß der feste Glaube an das aufsteigen, was Sie sich wünschen.

Zweifel melden sich meist in Form von unguten Gefühlen. Lassen Sie keine zu. Erkennen Sie, daß Sie Schöpfer und Träger Ihres Schicksals sind. Erkennen Sie, daß Zweifel nur mangelnde Erkenntnis ist.

Je stärker das Gefühl ist, um so schneller wird das Ziel erreicht. Alle drei Kräfte sind dann gleichgerichtet und konzentrieren sich auf den erwünschten Endzustand,

die Suggestion,
die Vorstellung/das Bild,
das Gefühl/der Glaube.

Mehr können Sie in der Phase der Entspannung nicht tun. Wenn Sie sich aber bemühen, Ihre Kräfte positiv zu nutzen und sie auf den Endzustand programmieren, dann ist es sicher, daß Sie Ihre Ziele erreichen werden.

Zu unseren vier Fallbeispielen (Seite 34 – 37) nun noch einige Vorschläge, wie Sie positive Gefühle erzeugen können:

Zu Beispiel 1:

Während Sie auf der grünen Wiese oder am Strand sitzen, empfinden Sie ein tiefes Gefühl der Dankbarkeit. Empfinden Sie ganz intensiv tiefe Dankbarkeit und Freude.

Zu Beispiel 2:

Genießen Sie jeden Bissen. Freuen Sie sich, im Kreise der Familie essen zu können. Freuen Sie sich, wie gut es Ihnen geht, empfinden Sie tiefe Zufriedenheit und Dankbarkeit.

Zu Beispiel 3:

Spüren Sie die Freude, die durch Ihren ganzen Körper fließt, wenn Sie Ihre Kontoauszüge betrachten. Empfinden und genießen Sie das Gefühl, wie sich der Bankberater um Sie bemüht. Sehen Sie sich auf der Gewinnerseite.

Zu Beispiel 4:

Empfinden Sie, wie es ist, zu zweit glücklich zu sein. Erleben Sie die Freude gemeinsamer Stunden. Freuen Sie sich in Ihrem Innersten, wenn Ihr Partner von Ihnen schwärmt.

Erleben Sie den erwünschten Endzustand. Das ist das Geheimnis der Worte aus der Bibel: ,,Dir geschehe nach deinem Glauben." Ihr Glaube, Ihr innerstes Gefühl, entscheidet über den Ausgang Ihrer Programmierung. Dabei unterscheidet das Unterbewußtsein nicht zwischen Erfolg oder Mißerfolg. Für das Unterbewußtsein gibt es nur Erfolg. Es folgt Ihren Gedanken, Vorstellungen und Gefühlen. Alles ist auf den Zusammenhang zwischen Ursache und Wirkung zurückzuführen. Hierzu noch einige Anmerkungen:

Wenn Sie krampfhaft ein Ziel erreichen wollen, wird dies nach dem Gesetz der Imagination genau das Gegenteil bewirken: Verkrampfung ist Anstrengung, verbunden mit dem Glauben, daß *es* nicht so einfach gehen kann. Verkrampfung bezeugt dem Schicksal, daß man nicht so recht an die Verwirklichung glaube, denn ansonsten würde man ,,das Richtige und Notwendige tun, in der Gewißheit, daß es geschieht". Sich nicht anzustrengen bedeutet nicht, einfach nichts zu tun, sondern es bedeutet, alles nur Mögliche zu tun, in der Gewißheit, daß man das Ziel erreicht. Dazu brauchen wir nicht verbissen zu sein.

Zusammenfassung

Bis jetzt haben Sie gelernt:

1. Vorbereitende Übungen zur Selbsthypnose.
2. Wie Sie sich entspannen können.

3. Zwei Arten der Selbsthypnose, die Farbentspannung und das Rückwärtszählen.
4. Wie Sie schriftlich eine Suggestion erarbeiten.
5. Wie Sie ein motivierendes Zielbild schaffen, und warum das so wichtig ist.
6. Warum Gefühle und Glaube wichtig sind, und wie diese Kräfte zur Zielerreichung eingesetzt werden.

Auch haben Sie gelernt, wie eine Cassette besprochen wird. Jetzt können wir daran gehen, den eigentlichen Text für die Farbentspannung und das Rückwärtszählen zu erstellen. Ich möchte Ihnen hierbei einen Vorschlag unterbreiten, der sich in der praktischen Anwendung, in den Seminaren und bei mir selbst, bewährt hat.

Text zur Farbentspannung

Die Anwendungsmöglichkeit der Farbentspannung ist sehr breit. Sie können sich Gegenstände vorstellen oder Farbtafeln. Genausogut können Sie sich vorstellen, eine Wand nach und nach mit der entsprechenden Farbe zu streichen. Wählen Sie die Art der Farbentspannung, die Ihnen am liebsten ist.

Sie haben immer zwei Möglichkeiten, die Entspannungstechnik anzuwenden: Entweder Sie lernen den jeweiligen Text auswendig und suggerieren sich ihn während der Entspannung, oder Sie sprechen alles auf Band und lassen sich führen. Ich empfehle, am Anfang immer mit dem Band zu arbeiten, damit sich die Aufmerksamkeit völlig auf das Geschehen richten kann. Die Praxis hat gezeigt, daß man leichter loslassen kann, wenn man geführt wird.

Wählen Sie eine Entspannungsübung (ab Seite 16) oder einen Einführungstext wie folgt:

Ich liege ruhig und bequem und fühle mich wohl.
Ich atme langsam und gleichmäßig und beobachte meinen Atem.
Mit jedem Atemzug sinke ich tiefer und tiefer in eine wunderbare Ruhe und Entspannung.
Ich verändere nichts und beobachte meinen Atem.
Mit jedem Einatmen nehme ich Ruhe auf und mit jedem Ausatmen lasse ich Unruhe ausströmen.
Mein ganzer Körper ist entspannt und gelöst.
Ich entspanne jetzt meine rechte Hand. Meine rechte Hand ist ganz entspannt.
Nun entspanne ich meine linke Hand, meine linke Hand ist ganz entspannt.
Jetzt entspanne ich meinen rechten Unter- und Oberarm.
Auch mein linker Unter- und Oberarm ist jetzt ganz entspannt.
Mein rechtes Bein ist entspannt.
Mein linkes Bein ist entspannt.
Meine Beine sind vollkommen entspannt.
Mein Gesäß und mein Becken sind entspannt.
Auch mein Bauch ist entspannt. Die Muskeln im Bereich des Bauches sind locker und entspannt.
Jetzt entspanne ich meinen Rücken. Alle Muskeln in meinem Rücken sind ganz locker und gelöst.
Meine Schultern und mein Nacken sind entspannt und gelöst.
Mein Hals ist entspannt und gelöst.
Alle Muskeln in meinem Gesicht sind locker, die Zunge liegt entspannt in meinem Mund, die Augen sind geschlossen und alle Muskeln sind entspannt.
Ich fühle, wie mein ganzer Körper locker und entspannt ist.
Ich bin vom Kopf bis zu den Zehen entspannt.

Dies kann eine Einleitungsentspannung sein. Nun kann die eigentliche Selbsthypnose, die Farbentspannung, folgen:

Ich fühle mich wohl und entspannt. Ich fühle die Ruhe und Geborgenheit. Mit jedem Atemzug entspanne ich mich noch mehr. Tiefe Ruhe erfüllt mein Gemüt, und ich genieße diesen Zustand der Ruhe und Entspannung.

Ich stelle mir nun vor, wie ich ein Zimmer betrete. Alles in diesem Raum ist mit roter Farbe ausgestattet. Die Wände aus roter Seide schimmern im Licht, der Teppichboden ist rot, die Sessel, alles ist rot. Ein ungewöhnlich schöner Anblick. Ich genieße diesen Augenblick.

(Einige Sekunden Pause . . .)

Jetzt öffne ich die Tür zum nächsten Zimmer und schreite durch die Tür. In diesem Raum ist alles orange. Wände, Boden, alles ist orange wie eine Orange, frisch und lebendig. Ich empfinde die Schwingung dieser Farbe — eine lebendige Schwingung.

(Einige Sekunden Pause . . .)

Ich schreite zur nächsten Tür und öffne sie. Ich sehe nun einen Raum, der in hellem Gelb ausgestattet ist. Er leuchtet wie eine Sonne. Ein ruhiges Gefühl durchströmt mich, und ich entspanne immer mehr. Ich gebe mich ganz dieser Farbe hin, fühle und empfinde die Schwingung. Ich genieße diesen Anblick.

(Einige Sekunden Pause . . .)

Nun schreite ich ins nächste Zimmer. Ein harmonisches behagliches Grün erfüllt diesen Raum. Die Farbe ist frisch wie eine Frühlingswiese. Ich empfinde ebenfalls die Schwingung dieser Farbe: Sie ist beruhigend und harmonisch. Ich genieße diesen ruhigen, wohltuenden Zustand. Ich sehe mich noch einmal um — mitten in diesem Grün.

(Einige Sekunden Pause . . .)

Jetzt gehe ich in den nächsten Raum. Dieser ist in Blau gehalten —, wie das Meer oder der wolkenlose Himmel. Wände, Sessel, Böden, alles ist in einem schönen erfrischenden Blau. Diese Farbe erzeugt ein behagliches, sicheres Gefühl in mir, und ich entspanne dabei noch mehr. Ich empfinde diese Farbe ganz deutlich und genieße die wunderbare Entspannung.

(Einige Sekunden Pause ...)

Ich schreite weiter in den nächsten Raum, und dieser ist ganz in Lila. Die Wände sind mit lilanem Stoff bespannt – wie der Flieder im Frühling. Ich empfinde diese beruhigende Farbe Lila in meinem ganzen Gemüt. Ich bin ganz ruhig und entspannt. Ich lasse los und spüre nur noch meinen Atem. Alle anderen Aktivitäten lasse ich los. Ich ruhe in mir, in meiner Mitte, im Zentrum meines Herzens. Ich lasse mich fallen, immer tiefer und tiefer.

(Einige Sekunden Pause ...)

Nun stehe ich vor der letzten Türe, vor dem Tor zu meinem Unterbewußtsein. Ich öffne und betrete einen über und über violetten Raum. Die Wände glänzen und es ist, als ob ich in einer anderen Welt wäre. Alles ist ruhig und harmonisch. Ich bin gelöst und ausgeglichen. Mein Geist ist klar, und mein Unterbewußtsein ist offen für meine Wünsche. Nocheinmal betrachte ich das Violett und spüre, welche Ruhe mich dabei durchströmt. Ich genieße diesen Zustand der Ruhe, Gelassenheit und Entspannung.

Vor meinem geistigen Auge sehe ich nun eine Wiese.

Ich lege mich bequem in das von der Sonne aufgewärmte Gras und schließe meine Augen. Ich spüre den Grasteppich unter meinem Körper, genieße die Ruhe und diese Umgebung ...

Bis hierher können Sie den Text verwenden, um sich durch Farbvisualisierung zu entspannen. Die Reihenfolge der Farben ist dabei sehr wichtig. Stellen Sie sich die Farben oder die Gegenstände vor, oder empfinden Sie einfach die Schwingung der Farbe. Wir können von Natur aus loslassen; wir müssen es nur wieder lernen.

Der Ort für Ihre geistige Entspannung

Dieser Ort soll in Zukunft Ihrer geistigen und seelischen Regeneration dienen. Sie können ihn immer, jederzeit und überall aufsuchen. Ihr geistiger Entspannungsort ist Ihr Eigentum. Dort können Sie sich die Welt schaffen, die Sie sich wünschen. Der Ort kann in Wirklichkeit existieren, aber er kann auch nur in Ihrer Vorstellung existieren.

Es sollte ein Platz sein, an dem Sie sich rundum wohlfühlen. Dort ist alles in Harmonie. Sie können die Gegend Ihres Entspannens so einrichten, wie Sie sich einen idealen Platz vorstellen. Es könnte eine schöne grüne Wiese sein, mit bunten Blumen und einem Bach oder See. Suchen Sie sich den Ort aus, an dem Sie sich am wohlsten fühlen. Ihrer Fantasie sind hierbei keine Grenzen gesetzt. Wichtig ist nur eines: Wenn Sie an diesen Ort denken, soll in Ihnen ein angenehmes Gefühl aufsteigen. Wohlgemerkt, Sie sehen diesen Ort nur auf Ihrem geistigen Bildschirm oder stellen ihn sich vor. Überlassen Sie Ihrem Unterbewußtsein die Entscheidung und erzwingen Sie nichts.

Wenn Sie sich den Ort in der Selbsthypnose oder in der Entspannung ausmalen, dann können Sie sich vorstellen, wie Sie auf Ihrer Wiese liegen, oder wie Sie im Wasser baden. Sie sehen sich in der Imagination. Hier an Ihrem Entspannungsort, in der Alpha-Phase, können Sie aktiv an sich und Ihren Zielen arbeiten. Sie können sich selbst heilen, können Gewohnheiten ändern oder Ihren Erfolg verursachen. Alles, was Sie hier schaffen, beeinflußt Ihr Unterbewußtsein und es wird seine ganze Energie darauf lenken. Je besser Sie sich etwas vorstellen können, desto schneller werden Sie Ihr Ziel erreichen. Das Interessante dabei ist, daß Sie Ihr gesamtes Immunsystem während der Entspannung stärken, und daß Sie anschließend mehr Kraft und Kapazität zur Verfügung haben.

Der berühmteste englische „Heiler", Matthew Manning, wendet bei der Behandlung aller Krankheiten Entspannungs- und Visualisierungsmethoden an. Dabei zeigt er seinen Patienten, wie sie ihre körpereigenen Kräfte aktivieren können. Seine erfolgreichen Methoden basieren auf der Alpha-Entspannung und dem kreativen Visualisieren.

Auch in allen Erfolgsbiographien können Sie immer wieder nachlesen, daß erfolgreiche Menschen sich zuerst in den Erfolg hineinversetzt haben, bevor er für sie Realität wurde. Sie haben sozusagen die Zukunft vorweggenommen. Das ist mit „wirksamem Verursachen" gemeint.

Am Ort Ihrer geistigen Entspannung können Sie die Zukunft vorwegnehmen, Sie können Ihre Gedanken aussenden und all das sehen und erleben, was Sie sich wünschen.

Programmieren am „geistigen Entspannungsort"

Wenn Sie sich entspannt haben und sich in Ihre Idealumgebung versetzt haben, dann können Sie beginnen, Ihr Ziel zu suggerieren. Wiederholen Sie im Geiste mehrere Male ruhig und sicher Ihre Suggestionen und stellen Sie sich dabei das dazugehörige Bild vor, welches Sie schon ausgearbeitet haben. Sehen Sie die Endsituation klar und deutlich, und freuen Sie sich darüber, wie wunderbar Sie sich fühlen, an Ihrem Ziel angelangt zu sein. Versetzen Sie sich mit Worten, Vorstellungen und mit Gefühlen in diesen wunderbaren Endzustand. Beeinflussen Sie Ihr Unterbewußtsein mit klaren Suggestionen und deutlichen Bildern. Lassen Sie das Bild Ihres Zieles so lange auf Ihrem „Bildschirm" verweilen, bis Sie sich innerlich der Verwirklichung ganz sicher fühlen. Lassen Sie alle positiven Gefühle der Freude, des Erfülltseins und der Harmonie zu. Erfreuen Sie sich und lassen Sie sich von diesen positiven Gefühlen ganz durchfluten. Kein Umstand, nichts kann Sie hindern, in Ihrer geistigen Welt Ihr Idealbild des erwünschten Endzustandes zu sehen, zu fühlen und zu erleben. Wie bereits erwähnt, sind wir dabei positive Schauspieler, wir spielen in der Vorstellung die Idealrolle, die wir uns wünschen. Ergebnis: Das Unterbewußtsein nimmt diese Rolle in sich auf und gibt sie dem Schicksal zur Verwirklichung. Mit anderen Worten: Ihr Glaube schafft Tatsachen.

Kurt Tepperwein, einer der bekanntesten deutschen Therapeuten, sagt: ,,Wissen stellt Tatsachen fest, Glaube schafft Tatsachen." Sie kennen die Realität in Ihrem Leben, aber Sie möchten eine neue Realität schaffen. Dazu müssen Sie nur den Mut haben, die alte Realität hinter sich zu lassen. Hierzu gibt es eine gute Übung: Erleben Sie jeden Tag neu. Üben Sie ein paar Tage, nur diesen einen Tag gut und nach Ihrem Ideal leben zu wollen. Ohne irgendeinen Zwang, ohne daß Sie sagen: ,,Ich muß." Wenn Sie morgens aufwachen, dann nehmen Sie sich einfach vor, diesen einen Tag ganz ausgefüllt zu erleben. Gehen Sie allen Arbeiten nach und erledigen Sie diese bestens. Tun Sie etwas, was Ihnen Freude macht und vielleicht auch etwas, was Sie schon lange vor sich hergeschoben haben. Erleben Sie nur diesen einen Tag, ohne an gestern oder an morgen zu denken. Sie erledigen einfach alles optimal, im Augenblick. Sie werden eines feststellen: Sie haben keine Sorgen. Warum? Weil Sorgen nur entstehen, wenn wir an die Zukunft oder an die Vergangenheit denken.

Mit der Selbsthypnose haben Sie ein hervorragendes Werkzeug in der Hand, wenn Sie richtig damit umgehen. Nichts geschieht von alleine und niemand kann Ihr Schicksal beeinflussen – außer Ihnen selbst. Werden Sie sich dieser Tatsache bewußt und stehen Sie dazu, dann übernehmen Sie die Verantwortung für sich, und Sie können alles ändern. Sie werden ein neuer Mensch. Schaffen Sie sich an Ihrem geistigen Entspannungsort ,,Ihre Welt".

Mit der Farbentspannung und dem geistigen Entspannungsort haben Sie eine wunderbare Möglichkeit, Ihren geistigen Horizont zu erweitern. Sie können Ihr Bewußtsein stärken und neue Dimensionen kennenlernen, um so, geistig gestärkt, dem Alltag gegenüberzutreten.

Entspannen durch Rückwärtszählen

Auch hier können Sie mit folgendem Einleitungstext beginnen:

Ich liege ruhig und bequem und fühle mich wohl.
Ich atme langsam und gleichmäßig und beobachte meinen Atem.
Mit jedem Atemzug sinke ich tiefer und tiefer in eine wunderbare Ruhe und Entspannung.
Ich verändere nichts und beobachte meinen Atem.
Mit jedem Einatmen nehme ich Ruhe auf und mit jedem Ausatmen lasse ich Unruhe ausströmen.
Mein ganzer Körper ist entspannt und gelöst.

Wenn Sie noch Anfänger auf dem Gebiet der Entspannungstechniken sind, sollten Sie zuerst die lange Entspannung mit dem ,,progressiven Muskelentspannen'' durchführen (Seite 18) und anschließend zur Vertiefungsphase, der Selbsthypnose, weitergehen. Der Text für die Technik des Rückwärtszählens könnte wie folgt aussehen:

Ich schließe meine Augen und lasse alle Gedanken an mir vorbeiziehen. Ich genieße diese Ruhe und entspanne mich mit jedem Atemzug immer mehr und mehr. Ich lasse alles Äußere los und konzentriere mich auf mein Inneres. Nun zähle ich langsam rückwärts von zehn bis eins und sinke mit jedem Atemzug und jeder Zahl tiefer und tiefer.

Zehn
Ich lasse alles los und entspanne mich. Alle Muskeln sind locker, und ich genieße dieses Loslassen. Meine Augen sind geschlossen, ich ruhe in mir. Alle Gedanken, die kommen, sehe ich an und lasse sie einfach vorbeiziehen. Ich schenke ihnen keine Beachtung.

Neun
Ich sinke tiefer und werde ruhiger. Ein beruhigendes Gefühl durchströmt meinen ganzen Körper. Ich bin entspannt, ich lasse los. Mein Atem strömt gleichmäßig ein und aus . . .

Acht
Ich lasse noch mehr los und sinke noch tiefer. Alle störenden Gedanken verschwinden, lösen sich in ein Nichts auf.

Sieben
Ich spüre die tiefe Ruhe, die meinen ganzen Körper durchflutet. Ich sinke tiefer und tiefer, tiefer und tiefer in eine wunderbare Entspannung. Ruhe und Harmonie durchströmen meinen Körper.

Sechs
Ich sinke noch tiefer . . .

Fünf
Ich bin nun ganz entspannt und frei. Mit jeder Zahl sinke ich noch tiefer. Wenn ich bei eins angelangt bin, bin ich in tiefer Selbsthypnose, und ich kann Wünsche und Anweisungen geben, die mein Unterbewußtsein getreu ausführt.

Vier
Ich sinke tiefer und tiefer . . . mit jeder Zahl und fühle mich immer leichter und leichter.

Drei
Ich bin jetzt vollkommen entspannt und gelöst, mein Geist ist klar. Sobald ich die Zahl eins erreicht habe, öffnet sich das Tor

zu meinem Unterbewußtsein, und ich kann ihm meine Gedanken, Wünsche und Vorstellungen mitteilen, die es dann ausführt.

Zwei
Gleich bin ich bei eins angelangt, und bei eins befinde ich mich in tiefer Selbsthypnose. Alles, was ich anschließend denke und visualisiere, prägt sich ganz tief in mein Unterbewußtsein ein. Jedes Wort prägt sich tief ein, und mein Unterbewußtsein verwirklicht es.

Eins
. . . Ich befinde mich nun in Selbsthypnose, ganz entspannt und gelöst. Das Tor zu meinem Unterbewußtsein ist ganz weit geöffnet. Jeder Wunsch, jede Vorstellung, die ich nun eingebe, verwirklicht sich . . .

Die Suggestion in Wort und Bild

Ich arbeite gern mit dieser Technik, wenn ich nicht ungestört sein kann. Im Zug oder während einer Aktivität, die nicht unbedingt meine volle Aufmerksamkeit erfordert, beim Zahnarzt oder wenn ich einfach ein paar Minuten abschalten will. Wenn Sie geübt sind, können Sie sich in ein paar Minuten in Selbsthypnose versetzen. Diese Technik schränkt den geistigen Horizont ein, weil die Anweisung gezielt programmiert wird: Sobald ich bei eins angelangt bin, befinde ich mich in Selbsthypnose. Der Horizont wird eingeschränkt. Es ist dennoch gut, beide Techniken, die Farbentspannung und das Rückwärtszählen, zu beherrschen, weil sich beide Techniken ergänzen können. Die Anwendungsmöglichkeiten sind eigentlich unbegrenzt.

Nun haben Sie erfahren, wie Sie sich in Selbsthypnose versetzen können. So angenehm dieser Zustand für Sie auch sein mag, müssen Sie aber auch lernen, wieder „auszusteigen".

,,Aussteigen" aus der Selbsthypnose:

Ich genieße noch einmal dieses wunderbare Gefühl der Erfüllung und danke meinem Unterbewußtsein für seine Hilfe. Ich bin dankbar und glücklich, mein Ziel erreicht zu haben. Ich fühle mich an Geist, Seele und Körper wohl, in Dankbarkeit, daß meine Vorstellungen und Wünsche vom Kosmos erfüllt werden. Ich atme tief ein und aus. Ich spüre, wie die Kraft in meine Glieder zurückkehrt. Noch einmal atme ich tief ein und aus und nehme nun mit jedem Atemzug Kraft und Energie auf. Ich bin durchflutet von frischer Kraft und Energie und erholt an Geist, Seele und Körper. Gleich zähle ich bis drei, bei drei öffne ich die Augen und fühle mich wunderbar frisch und erholt. Eins . . . ich atme tief ein und aus. Kraft steigt in meinen Geist und meinen Körper. Zwei . . . ich strecke und recke mich, drei . . . ich öffne meine Augen und bin wieder ganz im Hier und Jetzt, erholt an Geist, Seele und Körper. Ich fühle mich wohl . . .

Jetzt, nach der Selbsthypnose, ist es wichtig, ganz ,,normal" weiterzuleben, im Bewußtsein, daß Sie eine Botschaft in den Kosmos gesandt haben und dieser Ihnen antworten wird. Glauben Sie fest an Ihr Ziel, lassen Sie keinerlei Zweifel aufkommen. Das ist leicht möglich, wenn Sie sich realistische Ziele vornehmen. Denken Sie daran: ,,Ihr Ziel muß für Sie geistig faßbar sein", es darf Ihre Vorstellungskraft nicht überschreiten. Ich kann nicht oft genug darauf hinweisen, weil ich aus eigener Erfahrung und aus Seminaren weiß, daß Ziele leicht so hoch gesteckt werden, daß sie unrealistisch und damit nicht erreichbar sind. Wir sprechen hier nicht von Techniken, die funktionieren können oder nicht, sondern von universellen Gesetzen, aus denen unser Leben besteht. Diese Gesetze funktionieren immer und sind stets gültig. Lediglich wir, die Anwender, versagen – wegen Ungeduld und zu hoher Erwartungen.

Suggestivkraft-Test

Haben Sie schon einmal jemanden getroffen, der Ihnen die „Zukunft" auspendeln wollte? Mißtrauen Sie solchen Versprechungen! Das Pendel an sich kann das nicht. Das Pendel wird lediglich vom Unterbewußtsein beeinflußt. Das Unterbewußtsein kennt aber Ihre Zukunft nicht, diese kennt nur Ihr Überbewußtsein. Ihr Überbewußtsein ist zwar direkt mit dem Unterbewußtsein verbunden, aber beim Pendeln präsentieren sich uns unsere Wunschvorstellungen. Es sei denn, Sie können sich vollkommen entspannen, denn das Pendel ist ein wunderbares Hilfsmittel, um die Suggestivkraft zu testen und zu trainieren.

Knüpfen Sie an einem 20–25 cm langen Wollfaden einen Ring oder einen ähnlichen Gegenstand an und wickeln Sie das andere Ende des Fadens ein paarmal um Ihren Zeigefinger. Stützen Sie nun den Ellenbogen auf einer Tischplatte auf und halten Sie das Pendel ganz ruhig. Bemühen Sie sich, das Pendel ruhig zu halten. Jetzt geben Sie sich die Suggestion: „Das Pendel schwinge vor und zurück". Denken Sie: „Das Pendel schwingt vor und zurück". Lassen Sie ihre Hand bewegungslos, aber stellen Sie sich im Geiste vor, wie das Pendel schwingt. Sehen Sie auf Ihrem geistigen Bildschirm, wie es vor- und zurückschwingt. Sie werden merken, wie sich das Pendel in Bewegung setzt und vor- und zurückschwingt. Halten Sie den Arm ganz ruhig auf der Platte und sehen Sie das Pendel noch weiter schwingen.

Wenn Sie das geschafft haben, dann lassen Sie das Pendel wieder ruhig stehen und denken Sie: „Das Pendel schwingt nach links und nach rechts." Sehen Sie es auch auf dem geistigen Bildschirm schwingen. Erleben Sie, wie es Ihrer Vorstellung folgt.

Wenn Sie auch das getestet haben, dann können Sie das Pendel über den Tisch halten und es nochmals vor- und zurück-

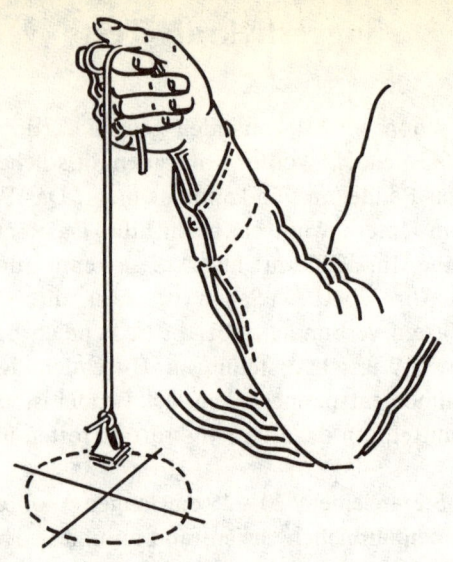

schwingen lassen. Nun halten Sie das Pendel nicht an und stellen sich vor, wie es nach links herum und rechts herum schwingt. Und dann lassen Sie es kreisen, zuerst links herum, dann rechts herum. Lenken Sie alle Bewegungen, indem Sie sich nur die Schwingungen vorstellen, dabei den Arm immer ganz ruhig halten.

Einen weiteren Test können Sie machen, indem Sie Ihre Empfänglichkeit, Ihre Suggestibilität testen. Dabei halten Sie das Pendel über die Pendeltafel, die Sie auf der Abbildung rechts sehen und konzentrieren sich auf das Pendel. Jetzt stellen Sie dem Unterbewußtsein eine Frage:

„Liebes Unterbewußtsein, bitte zeige mir, welche Bewegung du mit ‚ja' identifizierst. Zeige mir, welche Bewegung ‚ja' bedeutet. Was bedeutet ‚ja'?"

Tun Sie dabei nichts, sondern stellen Sie nur diese Frage und warten Sie auf die Antwort Ihres Unterbewußtseins. Wichtig ist dabei, kein Bild zu produzieren. Vielleicht sehen Sie dann sofort eine feine Bewegung des Pendels. Schreiben Sie diese auf und fragen Sie gleich: ,,Welche Bewegung bedeutet ‚nein'? Bitte zeige mir die Bewegung, mit der du ‚nein' anzeigst." Anschließend können Sie noch fragen, welche Bewegung ,,Ich weiß es nicht" oder ,,Ich sage es nicht" bedeutet. Notieren Sie alle Bewegungen am äußeren Ende der Pendeltafel. Zum Schluß können Sie noch eine Kontrolle machen und alles abfragen. ,,Bedeutet diese Bewegung ja/nein? Bedeutet diese Bewegung weiß ich nicht/sage ich nicht?" Wenn Sie sich vergewissert haben, können Sie ab jetzt für Alltagsfragen das Pendel zu Rate ziehen. Aber betrachten Sie es mehr als ein Trainingsobjekt, und fragen Sie nicht nach der Zukunft.

Warum warne ich Sie davor? Weil bei den Antworten auf Fragen über die Zukunft immer unsere Wunschvorstellung einfließt und wir somit die Frage über das Pendel nicht objektiv beantworten können. Dies wäre möglich, wenn Sie sich wirklich ganz frei von Wunschvorstellungen machen könnten. Sie können das Pendel aber gut dazu benutzen, verlorene Gegenstände zu suchen oder andere Kleinigkeiten zu erfragen, die Ihr Unterbewußtsein wissen kann. Mehr dürfen Sie vom Pendel nicht erwarten. In jedem Fall können Sie aber Ihre Vorstellungskraft und Empfänglichkeit für die feinen Schwingungen Ihres Unterbewußtseins trainieren.

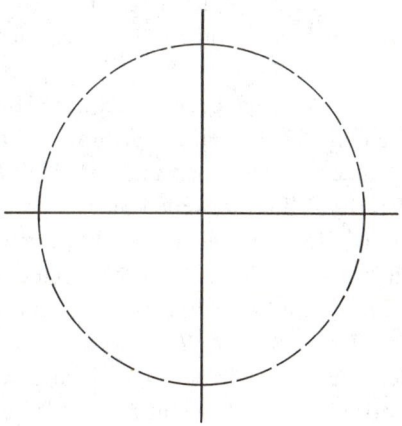

Schon beim Pendeltest werden Sie erkennen, daß Ihre Vorstellung stärker ist als der Wille. Wenn Sie nicht wollen, daß das Pendel schwingt, es aber geistig schwingen sehen, wird es schwingen, egal wie stark Sie denken ,,Ich will, daß es ruhig bleibt". Der Glaube, die Vorstellungskraft siegt gegenüber dem Willen. Folgendes Beispiel ist sehr gut geeignet, um die Kraft der Vorstellung zu demonstrieren.

Stellen Sie sich einen Balken vor − 20 cm breit und 20 cm hoch. Stellen Sie sich nun vor, Sie steigen auf diesen Balken, der auf dem Boden aufliegt, und laufen auf ihm entlang. Das werden Sie ohne jede Anstrengung schaffen, es scheint lächerlich. Nun stellen Sie sich vor, dieser Balken sei die Verbindung von zwei gegenüberliegenden Bergspitzen. Versuchen Sie jetzt noch einmal, darüberzulaufen. Jetzt werden Sie es schwierig finden, denn Sie stellen sich den Abgrund vor, der unter Ihnen liegt und bekommen Angst, herunterzufallen. Es ist derselbe Balken, er ist gleich breit und gleich hoch, aber die Situation ist anders. Allein die Vorstellung, daß Sie über einen Abgrund laufen sollten und stolpern und hinunterfallen könnten, wird Sie davon abhalten, mit der gleichen Sicherheit über den Balken zu schreiten wie vorhin − in Gedanken − auf dem Boden. Auch wenn Sie sich noch so sehr anstrengen, wird es Ihnen nicht gelingen, in Gedanken über den Balken zu laufen, solange Sie Angst davor haben, zu fallen. Sie sehen, der Glaube siegt immer über den Willen.

Für einen anderen Versuch brauchen Sie die Hilfe eines Partners. Bitten Sie den Partner, einige Sekunden lang zusammen mit Ihnen die Augen zu schließen und innerlich ruhig zu werden. Nach zwei, drei Minuten stellen Sie sich zwei bis drei Meter hinter ihm auf. Jetzt sehen Sie den Partner von hinten an und konzentrieren sich auf ihn. Nach weiteren ein bis zwei Minuten denken Sie ,,gehe" und stellen sich gleichzeitig vor, wie er langsam geht. Sie sagen kein Wort, sondern denken nur ,,gehe" und stellen sich vor, wie er geht. Nach einigen Schritten denken Sie ,,stopp" und sehen ihn stehenbleiben. Versuchen

Sie diesen Test auch umgekehrt bei ihm. Mal ist einer der Sender, mal der Empfänger. Wir haben dies in einer Gruppe demonstriert, und es war verblüffend zu erleben, wie man als „Empfänger" plötzlich das Gefühl bekommt, gehen zu müssen oder stehenzubleiben. Ich habe immer ein Kribbeln in den Kniekehlen bemerkt. Wenn Sie es vor Zuschauern machen, dann machen Sie als Sender einfach eine Bewegung dazu, „gehen" oder „stoppen".

Hierbei können Sie sowohl die Suggestibilität als auch die Suggestivkraft trainieren.

Selbsthypnosetests

Ballen Sie die Faust und drücken Sie sie fest zu. Dabei denken Sie: „Die Faust ist fest geschlossen. Die Finger kleben in der Hand und ich kann sie nicht mehr öffnen. Die Faust ist geschlossen, und je mehr ich sie öffnen will, um so fester bleibt sie geschlossen."

Drücken Sie dabei die Faust fest zusammen und wiederholen Sie vier- bis fünfmal die Suggestion. Dann versuchen Sie, die Faust zu öffnen. Geistig sehen Sie sie aber geschlossen. Sie werden merken, je mehr Sie sich anstrengen, um so weniger läßt sie sich öffnen. Dann sagen Sie sich: „Ich öffne meine Hand leicht und bin ganz entspannt". Dann können Sie sie ganz leicht öffnen.

Ein weiterer Test ist der Augenlidertest. Nachdem Sie einige Male die Entspannung geübt haben, können Sie mit der Technik des Rückwärtszählens wie folgt verfahren: Sie schließen die Augen und zählen langsam rückwärts und geben sich zwischen jeder Zahl die Suggestion: „Meine Augenlider kleben fest aneinander." Nach jeder Zahl wiederholen Sie die Suggestion. Schon nach wenigen Wiederholungen können Sie versuchen, die Augenlider zu öffnen – es wird Ihnen nicht gelingen. Die Augenlider kleben fest aneinander. Erst wenn Sie bewußt den Befehl geben, daß Sie die Augenlider wieder heben können, können Sie die Augen wieder öffnen. Für mich war es beim ersten Mal ein erhebendes Gefühl, denn dadurch habe ich selbst die Macht der Vorstellung und Suggestion verspürt.

Realistische Vorstellungen

Wenn Sie eine Krankheit haben, dann ist diese auch nicht von heute auf morgen gekommen, denn viele Faktoren mußten zusammenspielen, damit diese Krankheit entstehen konnte. Vielleicht war es falsche Ernährung, zu wenig Bewegung, falsches Atmen, zuviel Streß, oder Sie haben die Warnungen Ihres Körpers einfach nicht beachtet. Es ist unsinnig, Spontanheilungen zu erwarten. Vielmehr sollten wir natürlich vorgehen und langsam beginnen, den Körper und das geschädigte Organ wieder in Harmonie zu bringen. Wenn Sie danach handeln, was der Arzt empfiehlt und dazu noch kreatives Visualisieren anwenden, dann wecken Sie den Arzt in sich, und die Heilung wird verursacht. Ihr Geist muß ,,heil" werden, damit der Körper,,heil" werden kann.

Das Unterbewußtsein kann zwischen Einbildung und Realität nicht unterscheiden. Das ist Ihre Chance, denn was Sie im Bewußtsein haben, ziehen Sie auch an.

,,Dir geschehe nach deinem Glauben", sagte Jesus von Nazareth. Glauben heißt: Gedanklich und geistig überzeugt sein, daß die Vorstellung eintrifft. Warum hat die Schöpfung diesen Weg gewählt? Ganz einfach: Jeder von uns muß sich bemühen und an sich arbeiten. Wer nachläßt, der wird nur von seinen alten Programmen eingeholt. Wer in der Vergangenheit stehengeblieben ist, der zieht das Vergangene an. Wer dauernd jammert, der hat allen Grund dazu, denn er zieht das Pech an. Wer Angst vor der Zukunft, vor Veränderungen hat, der wird seine Angst bestätigt bekommen. In seiner Welt, in seinem Bereich wird das eintreten, wovor er sich fürchtet. Wer an das Gute, an die Evolution glaubt und wer ständig bemüht ist, sich zu verbessern und geistig und seelisch zu reifen, der wird nach einigen Prüfungen sehr belohnt werden. Glauben Sie nicht, daß alles sofort geschieht, das Schicksal prüft genau, wer es ehrlich meint und wer nicht. Wir sind ständig angehalten, das Beste zu geben, nicht nur einmal, sondern immer.

„Im bloßen Wünschen bleiben Narren untätig. Wo aber ein Wille ist, findet die Weisheit Ihren Weg."

George Crabbe

Versuchen Sie immer und überall alle drei Kräfte – Geist, Seele und Körper – mit einzusetzen. Das würde bedeuten, daß Sie sich nicht blind vom Gefühl leiten lassen oder nur rational nach Tatsachen entscheiden. „Prüfet alles und das Beste behaltet." Damit ist gemeint, für alles offen zu sein, aber nur das anzunehmen, was zu unserem Inneren paßt. Übrigens wird die Entspannung oder Visualisierung häufig mit Meditation verwechselt. Meditation bedeutet, loszulassen und nichts zu tun, nicht zu denken und nichts zu verursachen. Meister Eckhard sagte: „Im Gebet spreche ich zu Gott, in der Meditation spricht Gott zu mir." Meditation ist vollkommene Leere. Kontemplation ist auch ein Ausdruck, der im Zusammenhang mit Entspannung verwendet wird, aber Kontemplation ist das „Einswerden" mit einer Sache oder einem Satz. Über eine Sache zu kontemplieren bedeutet, geistig mit der Sache eins zu werden. Wenn Sie Ihre seelischen Kräfte mit der Selbsthypnose aktivieren und bewußt verursachen, können Sie zu einem späteren Zeitpunkt leichter in die nächste Stufe der Meditation einsteigen.

Lernen Sie, Ihrem Gefühl zu vertrauen, und lernen Sie, die Intuition wahrzunehmen. Je mehr Sie an sich üben und je mehr

Harmonie sich in Ihnen ausbreitet, um so leichter werden Sie die feinen Schwingungen des Kosmos erfahren.

Freude am Dasein

Es sind immer die Kleinigkeiten, die uns Schwierigkeiten bereiten oder die uns erfreuen. Der kleine Ärger ist für die Gesundheit schädlicher als die großen Schicksalsschläge. Die Kleinigkeiten sind es aber auch, die unser Leben bereichern können. Auf diese müssen wir achten und mehr positive Kleinigkeiten in unser Leben ,,senden". Ein nettes Wort, eine nette Geste, ein kleines Geschenk, ein hilfreicher Hinweis oder oder . . . Es gibt tausend Kleinigkeiten, die Sie freudig empfinden können. Versuchen Sie, einen Tag lang nur die Dinge zu beachten, die Ihnen Freude machen, oder bereiten Sie einen Tag lang anderen bewußt nur Freude. Freuen Sie sich, wenn die Sonne scheint, freuen Sie sich, wenn Sie die Arbeitskollegen sehen. Freuen Sie sich, daß Sie gesund sind, daß Sie nette Bekannte haben oder einfach, daß Sie leben. Fragen Sie sich, was Sie jetzt sein oder haben möchten! Versuchen Sie zu spüren, wie Sie sich fühlen würden, wenn Sie es schon wären oder hätten. Lassen Sie diese Gefühle zu, und Sie werden erleben, wie sich Ihr Dasein verändert. Sehen Sie auf all die Dinge, die Sie haben. Erfreuen Sie sich daran und vergessen Sie alles, was Sie glauben zum Glücklichsein unbedingt zu benötigen. Machen Sie sich nicht von Äußerlichkeiten abhängig. Geben Sie Dingen keine Macht über Sie. Wenn Sie sich umsehen, werden Sie feststellen, wieviele Menschen Sklaven ihres Besitzes sind. Der Besitz besitzt sie und nicht sie den Besitz. Lassen Sie diese Erkenntnis in sich einfließen und machen Sie sich ihre Gedanken darüber. Es tut gut, von Zeit zu Zeit über alles nachzudenken, weil wir uns allzu leicht von unserem Ideal entfernen und einfach nur noch Marionetten sind, die reagieren. Wir aber sind geschaffen zum Agieren.

Ihr Selbstbild

Wie denken wir in unserem Innersten über uns? Was halten wir von uns? Fühlen wir uns minderwertig? Oder vielleicht benachteiligt? Oder fühlen wir uns als etwas Besonderes, als eine Art „Übermensch"?

Das Bild, das wir von uns in unserem Herzen tragen, bewirkt unser Leben. Es prägt unser Schicksal und wirkt auf andere. Können Sie in den Spiegel schauen, sich selbst betrachten und sagen: „Ich sehe gut aus, ich gefalle mir?" Wenn Sie das wirklich können, dann sind Sie im Selbstwertgefühl schon weit gestiegen. Wir sollen nicht ins Schwärmen verfallen, wenn wir von uns sprechen oder wenn wir uns ansehen. Aber wir sollten ein gesundes Selbstwertgefühl besitzen. Wir müssen uns wert fühlen, das zu bekommen, was wir haben möchten. Vor allen Dingen müssen wir uns wert fühlen, gesund, jugendlich und vital zu bleiben. Wir müssen uns wert fühlen, die Arbeitsstelle anzunehmen, die wir gerne haben möchten. Wir müssen uns wert fühlen, gut zu verdienen und von anderen Menschen angenommen zu werden. Wer denkt, nichts zu besitzen und nichts wert zu sein, der mißt seine Größe nach dem Besitz, den er hat. Der Besitz ist aber vergänglich und sollte nur ein Mittel zum Zweck sein. Die wahre Größe eines Menschen zeigt sich in seinem Verhalten gegenüber anderen Menschen.

Für Sie und Ihre Gesundheit ist entscheidend, daß Ihr inneres Bild „gesund" ist. Dr. med. Maltz, Schönheitschirurg und Autor des Buches „Psychokybernetik", hat in seiner Praxis festgestellt, daß Schönheitsoperationen an der Einstellung des Betroffenen nichts verändern. Im Gegenteil, er hat nach seinen vielen Operationen an Patienten erkannt, daß diese sich nachher immer noch nicht hübscher fanden. Er hat daraufhin angefangen, seine Patienten im Inneren zu „operieren", indem er ihnen beibrachte, kreativ zu visualisieren.

Ich persönlich kann seine Beobachtungen gut nachvollziehen, denn ich hatte im Alter von zwei Jahren einen Unfall, bei dem die ganze linke Brust verbrannt wurde. Mit 12 Jahren wurde mir die Entstellung erst richtig bewußt, und ich bekam daraufhin viele Komplexe. Ich dachte, gegenüber anderen benachteiligt zu sein, ich sah in allen anderen wertvollere Menschen, die schöner waren als ich. Als das Alter begann, in dem ich mich für Mädchen interessierte, dachte ich, keine würde mich mögen. Ich hatte Angst davor, zum Baden zu gehen, weil ich dachte, alle Blicke träfen nur mich. Jahrelang suchte ich nach Operationsmöglichkeiten und hätte alles darum gegeben, wäre es möglich gewesen. Erst als ich anfing, mich mit den geistigen und kosmischen Gesetzen zu beschäftigen, wurde mein Blick klarer. Ich begann, andere Menschen zu beobachten, die nicht ,,entstellt'' waren. Nach kurzer Zeit merkte ich, daß sie keineswegs glücklicher als ich waren. Jeder hatte seine Probleme und Sorgen. Dann kam plötzlich die Erkenntnis, daß ich keine Hautoperation brauchte, sondern eine Korrektur meines Selbstbildes. Ich nahm mich dann so an wie ich war, und alle Komplexe waren wie weggeblasen. Es dauerte allerdings bis zu meinem 28. Lebensjahr, bis ich erkannte, daß ich trotzdem soviel wert bin wie jeder andere Mensch auf dieser Welt.

Sich so viele Jahre mit seelischen Qualen zu belasten war sicherlich töricht. Ich hatte wegen der Narben keine Schmerzen und keinerlei Behinderung, es war nur ein ,,Schönheitsfehler''. Ich sagte mir schließlich, es war kein Zufall, daß es mich getroffen hat, und ich werde zu gegebener Zeit den Grund schon erfahren.

Wir alle müssen unser Selbstbild überprüfen, denn ich kenne keinen Menschen, der mit sich selbst restlos zufrieden ist, und das ist auch gut so. Selbstzufriedenheit kann leicht in Apathie umschlagen. Wir sollten uns zum Ziel setzen, uns ständig zu verbessern, täglich ein kleines bißchen.

Ändern Sie Ihr Selbstbild in ein positives, aufbauendes Bild um. Sie sind es wert. Es ist für Sie und Ihr Leben entscheidend, denn Ihre „Schwingungen" vermitteln anderen Menschen das, was Sie von sich denken.

Ihr Selbstbild können Sie mit Ihren Gedanken und Vorstellungen ändern. Die Selbsthypnose ist hierbei ein wunderbares Hilfsmittel.

Erkennen Sie, daß Sie in Ihrem Inneren gut und edel sind. Gott hat Sie als vollkommenes Wesen erschaffen, er schafft nichts Minderwertiges.

Nehmen Sie sich so an, wie Sie sind, mit allen Stärken und Schwächen, und achten Sie auf das, was Sie können, auf Ihre Stärken und nicht immer nur auf Ihre Schwächen.

Sagen Sie sich nicht: „Ich bin gut, *wenn* ich das oder jenes erreicht habe. Ich bin etwas wert, *wenn* ich mindestens das oder jenes besitze." All das sind nur Ausreden, wenn wir unfähig sind, unsere Einstellung zu ändern.

Lieber Gott, ich bitte um die Kraft, die Dinge zu ändern, die ich ändern kann, um die Gelassenheit, die Dinge zu ertragen, die ich nicht ändern kann, und um die Weisheit, das eine vom anderen zu unterscheiden.

Gebet aus dem 14. Jahrhundert

Dr. Joseph Murphy sagte in einem Vortrag: „Es gibt Dinge, die wir nicht ändern können." Die Natur oder unser Schicksal hat uns bestimmte Lektionen auferlegt, die wir in unserem Leben verarbeiten müssen. Da hilft keine Flucht und kein Resignieren. Es gibt immer nur zwei Möglichkeiten:

1. Wir können die Dinge ändern, oder
2. wir müssen unsere Einstellung ändern.

Das klingt hart, wenn es sonst doch heißt „Alles was wir uns vorstellen können, können wir auch verwirklichen." Die Aufgabe ist stets zu erkennen, was wir an unserer Einstellung ändern müssen.

Wenn sich jemand körperlich als zu klein empfindet und sich sehnlichst wünscht, größer zu sein, so kann er durch Gedankenkraft erreichen, einige Zentimeter zu wachsen, aber das ist eigentlich nicht der Sinn und Zweck. Sicher ist, daß diese Person lernen muß, sich wegen der fehlenden Zentimeter nicht minderwertig oder schlecht zu fühlen. Sinn und Zweck ist es, den inneren Reichtum zu erfahren und zu entdecken, nicht die Äußerlichkeiten zu verändern. Napoleon Hill, der amerikanische Bestsellerautor schreibt: ,,Jede Widrigkeit des Schicksals birgt den Keim eines gleich großen, wenn nicht größeren Vorteils in sich." Wir müssen nur danach suchen. Das positive Denken leuchtet Ihnen hierbei den Weg aus.

Die Wandlung

Mit Ihren unterschwelligen Kräften haben Sie es in der Hand, ein Leben voller Harmonie und Glück zu führen. Durch gezielten Einsatz der Selbsthypnose können Sie Ihre Einstellung oder die Situationen ändern. Sie bestimmen, wie schnell die Wandlung vor sich geht. Alles, was Sie verursachen, wird im Kosmos gespeichert. Ob es sofort oder später zur Verwirklichung führt, entscheidet die Intensität, mit der Sie dies tun. Viel Energie auf ein Ziel zu lenken bedeutet, das Ziel auch schnell zu erreichen. Zuviele Dinge auf einmal erreichen zu wollen bedeutet, die Energie zu zerstreuen, und das heißt auch, daß das Ziel weniger schnell, wenn überhaupt, erreicht wird.

Wie ein ungeschriebenes Gesetz hat sich ein bestimmter Zeitrhythmus eingestellt. Wenn Sie ein Programm vorgeben, beträgt die Zeit, bis es sich gefestigt hat, ungefähr 21 Tage. Das heißt, sie müssen täglich mindestens einmal die Selbsthypnose durchführen und bewußt mindestens fünf Minuten Ihr Ziel ,,verursachen". Die Intensität, die Klarheit des Bildes oder die Stärke des Gefühls entscheidet, wie schnell Sie es erreichen. Dabei ist es wichtig, nach der Übung mit einer inneren Sicherheit zum Tagesgeschehen überzugehen, so als hätten Sie Ihr

Ziel schon erreicht. Nicht tagsüber nachgrübeln: ,,Vielleicht klappt es doch nicht" oder ,,Hoffentlich habe ich genug Energie darauf verwendet" oder ähnliches. Gedankendisziplin ist enorm wichtig. Wenn Sie ein Ziel bewußt verursacht haben, lassen Sie es los. Denken Sie nicht laufend daran, ob es klappt oder nicht, sondern überlassen Sie den Weg Ihren universellen Kräften. Halten sie das Ziel auch nicht krampfhaft im Geiste fest, sonst kann es sich nicht verwirklichen. Sie müssen es schon loslassen und aussenden, damit es geschehen kann.

Diese 21 Tage bedeuten, daß sich das Programm im Unterbewußtsein gefestigt hat und nach Verwirklichung drängt. Nicht immer haben Sie dann schon das Ziel erreicht. Rasche Ergebnisse erreichen Sie bei Gedanken- oder Gewohnheitsänderungen oder bei kleineren Gesundheitsproblemen. Vieles können Sie sehr schnell erreichen, manches dauert länger. Handelt es sich um grundlegende Dinge wie Erfolg oder Wohlstand, dann müssen Sie dem Schicksal schon die Chance geben, daß es in realistischer Zeit wirken kann. Denken Sie auch daran, die dritte Kraft in Ihnen, den Körper, einzusetzen. Der Körper ist die Kraft, die zur Tat schreitet. Sie müssen mit offenen Ohren und wachen Augen durch Ihr Leben gehen, um die Chancen wahrzunehmen, die Ihnen das Schicksal bietet. ,,Gott hat keine anderen Hände als die deinen", steht es geschrieben. Sie können ein Programm auch mehrere Wochen üben, wenn Sie nach drei Wochen eine Woche Pause einlegen.

Wenn Sie mit der Selbsthypnose Ihr erstes Problem gelöst oder Ihr Ziel erreicht haben, können Sie daran gehen, sich geistig und seelisch zu verwirklichen. Es folgt nun das Selbstverwirklichungsprogramm, das Ihnen helfen soll, verschiedene Verhaltensweisen, positive Einstellungen und Charakteränderungen zu verursachen, denn wenn Sie das tun, dann ist positives Schicksal unvermeidlich.

Sie erleben dann die Summe ihrer Gedanken und Gefühle.

Der Ablauf der Selbsthypnose auf einen Blick:

1. Sie klären, welche Prioritäten Sie setzen.
2. Sie nehmen sich das wichtigste Ziel vor.
3. Sie formulieren die Situation mit Ihren Worten.
4. Sie schreiben eine positive, aufbauende Suggestion.
5. Sie schaffen sich ein Bild dazu.
6. Sie stellen sich Ihr Gefühl vor, das Sie haben, wenn Sie schon am Ziel sind.
7. Sie bereiten eine Cassette vor, auf die Sie die Farbentspannung oder das Rückwärtszählen aufnehmen.
8. Sie machen sich einen Zeitplan mit fixen ,,Arbeitszeiten''.
9. Sie lesen täglich mindestens einmal Ihren Text (Beispiel Selbstverwirklichungsprogramm).
10. Sie notieren sich Ihre Kurzformel an zugänglichen Stellen.
11. Sie programmieren nach dem 21-Tage-Rhythmus, bis Sie Ihr Ziel erreicht haben.

Wenn Sie Ihre wichtigsten Ziele erreicht haben, können Sie zum ,,edelsten'' Ziel schreiten, der Selbstverwirklichung. Sie können Ihr inneres Wesen ,,in Ordnung bringen'', damit Sie Schicksalsschläge überflüssig machen. Je mehr es Ihnen gelingt, in Ihr Inneres Harmonie zu bringen, je eher Sie in der Schwingung des Kosmos sind, um so schneller werden Sie ihre Ziele erreichen. Das schönste Ziel ist, Harmonie und Liebe in sich zu finden und ein leuchtendes Beispiel für andere Menschen sein zu können. Wenn Sie soweit sind, werden Sie noch eine wunderbare Entdeckung machen. Je mehr Liebe und Fürsorge Sie anderen widmen, je mehr Sie sich um andere Menschen kümmern, um so mehr werden Sie ernten. Die geistigen Gesetze werden Sie belohnen.

Wer seinen Lebensablauf harmonisch gestalten möchte, kann das folgende Selbstverwirklichungsprogramm durchführen. Alle Programme können auch einzeln bearbeitet werden. Hier sind sie so angelegt, daß sie sich ergänzen. Legen Sie sich Rechenschaft ab und notieren Sie auf der Checkliste Ihre Fortschritte.

Das Selbstverwirklichungsprogramm

Setzen Sie beim Verwirklichen Ihrer Ziele immer möglichst alle drei Kräfte – Körper, Geist und Seele – ein. Das ist der sicherste und schnellste Weg zum Erfolg. Bereiten Sie sich eine Cassette vor, damit Sie ganz entspannt arbeiten können. Wenn Sie keine Cassette besprechen möchten, können Sie die Entspannung auch auswendig lernen oder eine Entspannungscassette kaufen (Bezugsquelle siehe Seite 128).

Eine gute Möglichkeit, alle drei Kräfte zur Zielverwirklichung einzusetzen, lernen Sie nachfolgend kennen. Sie finden bei allen 12 Programmen einen längeren Text (Block 1), eine Kurzformel (Block 2), die Suggestion (Block 3) und die Beschreibung einer möglichen bildhaften Vorstellung (Block 4). Nehmen Sie dies als Anregung. Sie können die Texte beliebig verändern, bis Sie sich mit jedem Wort identifizieren können.

Der Motivationstext (Block 1) ist dazu gedacht, ihn, wenn möglich, morgens und abends laut vorzulesen. Sollte dies nicht realisierbar sein, dann lesen Sie ihn leise, in Gedanken, aber bewegen Sie ruhig die Lippen dazu. Eine Kurzformel oder Passage aus dem Text können Sie auswendig lernen und diese dann während der Autofahrt laut vor sich hersprechen – mit viel Gefühl und fester Stimme. Sie beeinflussen dadurch nicht nur Ihr Unterbewußtsein ungeheuer, sondern überzeugen auch Ihre Ratio von dem Gesagten. Je öfter Sie dies wiederholen, desto vertrauter wird der Text und damit der Inhalt. Wenn Sie im Auto laut sprechen oder öfter an die Formulierung denken, wird es eine Denkgewohnheit, und Ihre Arbeit in der Selbsthypnose wird optimal unterstützt. Überzeugen Sie sich mit Ihren eigenen Worten, dann wirkt die Suggestion noch schneller. Diese Methode ist auch für das Selbstbewußtsein sehr förderlich, weil Sie ohne Zweifel von dem überzeugt sein müssen, was Sie denken, und wenn Sie sich etwas laut vorsagen, wirkt Ihre Stimme als zusätzlicher Verstärker.

Seien Sie nicht überrascht, wenn Sie sich das erste Mal lächerlich fühlen, das ist ganz normal. Üben Sie so lange, bis Ihnen das, was Sie tun und wie Sie es tun, selbstverständlich erscheinen. Autosuggestion ist etwas ganz Natürliches, wir haben diese natürliche Chance zur positiven Selbstmotivation weitgehend gegen die Fremdsuggestion durch die Medien ausgetauscht.

In Block 2 finden Sie jeweils eine Kurzformel, die Ihnen sehr nützlich sein kann. Wenn Sie morgens oder abends Ihr Entspannungsprogramm durchführen, so können Sie tagsüber mit der Kurzformel für Ihr Ziel etwas tun. Jedesmal wenn Sie daran denken oder wenn ein negatives Gefühl aufkommen sollte, können Sie im Geiste die Kurzformel wiederholen und dabei ein positives, sicheres, freudiges Gefühl aufsteigen lassen. Sie arbeiten dann mit Gedankendisziplin. Schreiben Sie sich die Kurzformel auf einen kleinen Zettel, den Sie im Portemonnaie oder im Tagesplaner mit sich führen und lesen Sie diese Suggestion mehrmals, bis Sie sie auswendig können.

Block 3 ist die entsprechende Suggestion, die Sie auf Band sprechen oder auswendig lernen können. Zu dieser Suggestion gehört noch

Block 4, das entsprechende Bild und das Gefühl dazu. Die Intensität des Bildes und des Gefühls sind dabei sehr wichtig.

Wählen Sie nun die Programme aus, die Sie nach und nach angehen möchten. Es können die vorgeschlagenen Programme sein, aber auch persönliche. Erfüllen Sie sich zuerst immer Ihr wichtigstes Ziel, damit die Energien in Ihnen nicht blockiert werden.

Mein Vorschlag wäre, in einem Jahr zwölf Programme durchzuführen. Zwölfmal drei Wochen, und jedesmal eine Woche Pause dazwischen. Mit welchem Programm möchten Sie beginnen?

Analyse Ihres Selbstverwirklichungsprogrammes		
Priorität/Programm	Beginn/Datum	Pause von/bis
1.		
2.		
3.		
4.		
5.		
6.		
7.		
8.		
9.		
10.		
11.		
12.		

Ich nutze die Zeit optimal

Motivationstext:
Zeit ist Leben. Ich lebe bewußt im Hier und Jetzt. Ich unternehme alles Erforderliche, um meine Zeit optimal zu nutzen. Jede Arbeit, die ich beginne, führe ich konsequent zu Ende. Ich bin Herr meiner Zeit und lasse mich durch nichts stören. Kein Umstand von außen kann mich umstimmen. Ich bin offen für Erneuerungen, hafte nicht an Altem, Überholtem. Ich arbeite von Minute zu Minute konsequenter und zielgerichteter.

Jeden Augenblick nutze ich zum Vorteil. Ich arbeite und entspanne bewußt. Ich bin leistungsfähiger, wenn ich entspannt bin. Alles, was ich tue, tue ich mit größter Aufmerksamkeit. Ich bin frei von Streß, und ich ruhe in mir. Ich entscheide mich ab jetzt für ein positives, erfolgreiches Leben. Ich beherrsche meine Zeit. Heute arbeite ich optimal, heute gebe ich in jeder Minute mein Bestes.

Keinem Umstand gebe ich die Macht, über meine Zeit zu bestimmen. Ich führe einen Zeitplan, der mir genügend Spielraum für Kreativität und Erholung läßt. Zeit ist nicht nur Geld, sondern Leben. Ich nutze die Minute und gebe immer mein Bestes. Ich bin Herr über meine Zeit.

„Liebst Du das Leben? Dann verschwende keine Zeit, denn daraus ist das Leben gemacht."

Benjamin Franklin

Kurzformel:
Ich beherrsche meine Zeit und bin von Tag zu Tag produktiver.

Suggestion:
Ich bin Herr meiner Zeit. Durch Achtsamkeit und Konsequenz spare ich täglich mehr Zeit, die ich zur freien Verfügung habe. Ich plane meine Zeit und gewinne dadurch immer mehr Freizeit. Täglich erreiche ich mehr in kürzerer Zeit. Ich genieße den Augenblick, arbeite konzentriert und erreiche dadurch immer mehr.

Bildhafte Vorstellung:
Stellen Sie sich vor, Sie stehen am Ende eines Tages erfüllt und stolz vor Ihrem Tagesplan. Sehen Sie auf Ihren Plan und empfinden Sie die Freude, alles geschafft zu haben. Alle Punkte sind abgehakt. Sagen Sie Ihrem Partner, wie glücklich Sie heute sind, weil Sie alles geschafft haben. Freuen Sie sich, daß Sie durch konsequente Planung immer mehr erreichen. Sehen Sie, wie aufgeräumt Ihr Arbeitsplatz ist. Stellen Sie sich vor, daß Sie nun Zeit für Beschäftigungen haben, für die Sie früher nie Zeit hatten.

Ich nutze die Zeit optimal				
Tag	Gedankenkontrolle	Suggestion	Kurzformel	Gesamtbewertung
1				
2				
3				
4				
5				
6				
7				
8				
9				
10				
11				
12				
13				
14				
15				
16				
17				
18				
19				
20				
21				

Ich bewerte meine geistige Arbeit täglich und verbessere mich dadurch.

Bewertungen: + mäßig   + + gut   + + + sehr gut

Ich ändere mein Selbstbild

Motivationstext:
Ich nehme mich an wie ich bin, denn ich weiß, daß ich alles besitze, um ein glückliches Leben führen zu können. Ich kann selbständig denken und kann durch die Kraft meiner Gedanken mein Schicksal beeinflussen. Zufriedenheit entsteht in meinem Herzen. Deshalb lebe ich bewußt im Hier und Jetzt. Ich nutze meine natürlichen Gaben und Fähigkeiten voll aus. Ich bin bereit, mich so anzunehmen wie ich bin und mich von nun an täglich zu verbessern. Ich akzeptiere meine Einmaligkeit, so wie ich die Einmaligkeit eines jeden Menschen akzeptiere . . .

Ich weiß, daß ich mit Fähigkeiten ausgestattet bin, die kein anderer in diesem Maße besitzt. Diese Fähigkeiten setze ich zu meinem und zum Wohle meiner Mitmenschen ein. Ich schenke mir so Erfüllung und verwirkliche mich dabei. Ich arbeite täglich an meiner Selbstentfaltung. Jeden Tag entwickle ich mich mehr und mehr, und ich glaube an mich. Ich bin dankbar, meine Fähigkeiten zu leben, und nehme mich bedingungslos an. Ich nehme mich an und arbeite an mir. Durch nichts und niemanden lasse ich mich abhalten. Ich gebe äußeren Umständen keine Macht über mein Wohlbefinden. Ich bin glücklich und zufrieden, weil ich mich annehme wie ich bin. Ich freue mich, der Mensch zu sein, zu dem ich aufgrund meiner Einmaligkeit bestimmt bin. Ich freue mich von Tag zu Tag immer mehr, ein wertvoller Mensch zu sein und zu bleiben.

Kurzformel:
Ich nehme mich an wie ich bin und arbeite konsequent an meiner Persönlichkeit. Ich habe meinen Wert und meine Einmaligkeit erkannt.

Suggestion:
Ich nehme mich an wie ich bin. Ich lasse alle natürlichen Gaben meiner Persönlichkeit zu. Ich entwickle mich von Tag zu Tag.

Ich bin ein guter, wertvoller Mensch und ich lasse zu, daß andere mich lieben. Mein Selbstwertgefühl wächst von Tag zu Tag. Ich bin geistig und seelisch aufgerichtet. Ich freue mich über mein Selbstwertgefühl. Ich lebe voller Freude und Harmonie. Meine Fähigkeiten entwickeln sich immer mehr und mehr. Ich bin mit mir in Harmonie und liebe mich.

Bildhafte Vorstellung:
Stellen Sie sich vor, Sie stehen vor dem Spiegel und sind stolz auf Ihr Spiegelbild. Spüren Sie, wie gut Sie sich dabei fühlen. Fühlen Sie die Freude, die aufsteigt, weil Sie erkennen, daß Sie genausoviel wert sind wie jeder andere Mensch. Sehen Sie sich unter Freunden, die positiv über Sie sprechen. Hören Sie, wie man hinter Ihrem Rücken Komplimente über Sie austauscht. Freuen Sie sich über all diese Ereignisse und erleben Sie sie in der Vorstellung.

Motivieren Sie sich, indem Sie sich selbst bewerten. Die 21 Tage-Tafel soll Ihnen klar vor Augen führen, wieviel Sie beigetragen haben, um Ihr Ziel zu erreichen. Bewerten Sie, wie gut Sie in der Gedankenkontrolle, im Suggerieren oder in der Selbsthypnose waren und wie oft Sie sich die Kurzformel gedacht oder vorgesagt haben. Zum Schluß können Sie sich noch eine Tagesgesamtnote geben. Denken Sie daran: Gute Ergebnisse verlangen Einsatz!
Durch die Koordination aller drei Kräfte erreichen Sie Ihr Ziel am schnellsten.

Ich ändere mein Selbstbild				
Tag	Gedankenkontrolle	Suggestion	Kurzformel	Gesamtbewertung
1				
2				
3				
4				
5				
6				
7				
8				
9				
10				
11				
12				
13				
14				
15				
16				
17				
18				
19				
20				
21				

Ich bewerte meine geistige Arbeit täglich und verbessere mich dadurch.

Bewertungen: + mäßig ++ gut +++ sehr gut

Ich bin Herr meiner Gedanken und Gefühle

Motivationstext:
Von nun an denke, handle und fühle ich bewußt. Ich lasse nur positive Gefühle und Gedanken zu, alles Negative berührt mich nicht. Ich habe meine Gedanken unter Kontrolle. Ich denke konstruktiv und aufbauend.

Mit Freude und Selbstvertrauen beginne ich jeden neuen Tag. Jeden Tag fällt es mir leichter, meine Gedanken zu kontrollieren. Ich bin Herr meiner Gedanken und nutze meine geistigen Fähigkeiten voll aus. Ich lasse nur Gutes durch den Filter meines Bewußtseins. Ich beherrsche meine Gedanken und fühle, wie neuer Lebensmut in mein Gemüt strömt.

Ich verbessere mich von Tag zu Tag. Ich sehe die Widrigkeiten des Schicksals und trete den Schwierigkeiten offen gegenüber. Ich mache aus jeder Situation das Beste. Ich erinnere mich nur noch an positive Ereignisse und vergesse alles Negative, Unnütze. Ich lebe von nun an in vollem Bewußtsein, als Herr meiner Gedanken.

Kurzformel:
Ich beherrsche meine Gedanken in jeder Situation. Ich lebe bewußt und voller Freude. Ich genieße es, Herr meiner Gedanken und Gefühle zu sein.

Suggestion:
Positive Gedanken und Gefühle erfüllen mich. Ich bin Herr meiner Gedanken und Gefühle. Ich habe sie stets unter Kontrolle. Ich freue mich, beherrscht und menschlich zu sein. Ich meistere mein Schicksal mit positiven Gedanken. Ich freue mich, auf dem richtigen Weg zu sein, und erlebe nur noch positive Gedanken und Gefühle. Ich lasse nur Gutes an mich heran. Ich danke der Schöpfung und meinem Unterbewußtsein, daß ich nur für positive Gedanken empfänglich bin.

Bildhafte Vorstellung:
Stellen Sie sich in der Imagination vor, daß Sie einen Filter in Ihrem Gehirn haben, der auf ,,positiv" gestellt ist. Sehen Sie zu, wie nur gute Gedanken einströmen, und sehen Sie, wie alles Negative Sie nicht berührt. Sehen Sie sich beim intensiven Nachdenken oder in Streßsituationen, in denen Sie die Übersicht und Ruhe behalten und immer ausgeglichen bleiben. Sehen Sie sich in Harmonie. Lassen Sie alle positiven Gefühle zu.

Lesen Sie mindestens einmal täglich – wenn möglich zweimal – den Motivationstext (am Morgen und Abend. Er hilft Ihnen, Ihre Gedanken auch tagsüber zu kontrollieren. Notieren Sie sich die Kurzformel auf einem Zettal, der Ihnen täglich mehrere Male ins Blickfeld gelangt (zum Beispiel in der Geldbörse oder im Tagesplaner).

Wann immer Sie die Zeit und Möglichkeiten haben, sehen Sie Ihr Ziel bildhaft vor Ihrem geistigen Bildschirm. Freuen Sie sich darüber, das Ziel schon erreicht zu haben.

Ich bin Herr meiner Gedanken und Gefühle			
Tag	Gedankenkontrolle	Suggestion	Kurzformel	Gesamtbewertung
1				
2				
3				
4				
5				
6				
7				
8				
9				
10				
11				
12				
13				
14				
15				
16				
17				
18				
19				
20				
21				

Ich bewerte meine geistige Arbeit täglich und verbessere mich dadurch.
Bewertungen: + mäßig ++ gut +++ sehr gut

Ich erfülle meine Aufgaben optimal

Motivationstext:
Ich weiß, daß ich im Leben eine Aufgabe habe, die mir zugeteilt ist. Ich gebe mein Bestes, in jeder Sekunde, in jeder Minute, um meiner Aufgabe gerecht zu werden. Beharrlich arbeite ich an meinen Zielen. Ich weiß, daß ich Fehler mache, aber diese sind gegenüber meinen guten Taten belanglos. Ich ernte die Früchte meines Lebens, weil ich alle mir gestellten Aufgaben optimal angehe und löse.

Ich kenne die geistigen Gesetze und trachte daher nach den geistigen Reichtümern, weil ich weiß, daß alles andere von alleine folgt. Das Leben bietet mir alles und ich bin offen und frohen Herzens, Aufgaben zu bekommen, die mir gerecht sind.

Kurzformel:
Voller Freude erfülle ich in jeder Minute meine Aufgabe optimal. Das Leben macht mir immer mehr Spaß und Freude.

Suggestion:
Alles, was ich tue, erledige ich gerne und voller Hingabe. Die mir gestellten Aufgaben erfülle ich mit Freude, reife und wachse daran. Alle meine Vorhaben gelingen mir leicht und sicher. Alles, was ich beginne, führe ich mit Erfolg zu Ende. Ich wachse mit jeder Aufgabe an Geist, Seele und Körper. Es macht mir unendliche Freude, alle Aufgaben bestens zu erfüllen.

Bildhafte Vorstellung:
Stellen Sie sich vor, daß Sie zufrieden arbeiten, hören Sie, wie andere von Ihnen schwärmen. Sehen Sie, wie alle Menschen um Sie herum zufrieden sind. Erfreuen Sie sich daran, daß Sie täglich reifer werden und Anerkennung erhalten. Sehen Sie sich in Situationen, in denen Sie sich optimal verhalten. Erfreuen Sie sich an den Aufgaben, mit denen Sie wachsen.

Ich erfülle meine Aufgaben optimal				
Tag	Gedankenkontrolle	Suggestion	Kurzformel	Gesamtbewertung
1				
2				
3				
4				
5				
6				
7				
8				
9				
10				
11				
12				
13				
14				
15				
16				
17				
18				
19				
20				
21				

Ich bewerte meine geistige Arbeit täglich und verbessere mich dadurch.
Bewertungen: + mäßig   + + gut   + + + sehr gut

Ich nehme meine Mitmenschen an, wie sie sind

Motivationstext:
Jeder Mensch hat seine Eigenarten, seine Probleme, Vorlieben und Maßstäbe. Ich weiß, daß ich nicht mit meinem Maß messen kann, und deshalb lasse ich jedem Menschen das Recht, so zu sein, wie er ist. Ich erkenne die Wirklichkeit hinter dem Schein und lasse mich nicht von unmöglichem Verhalten irreführen. Ich weiß, daß jeder Mensch sich nach Anerkennung sehnt und daß jeder Mensch nach Harmonie strebt. Deshalb sehe ich in jedem Menschen das Gute und Aufbauende und lasse mich nicht vom Schein täuschen.

Jeder Mensch hat das Recht, so zu sein, wie er ist. Durch meine Selbsterkenntnis gewinne ich immer mehr Verständnis für meine Mitmenschen. Ich gebe ihnen Liebe und Freude. Ich gehe mit gutem Beispiel voran. Ich sehe in jedem Menschen das Gute und helfe ihm, sich zu entwickeln.

Ich baue meine Mitmenschen auf und spreche ihnen Mut zu. Ich weiß, daß sich hinter Arroganz Unsicherheit verbirgt, hinter Zorn die Unfähigkeit, die Situation zu meistern, und hinter Machtgelüsten die Angst vor der Ohnmacht. Daher lasse ich mich von diesen Fassaden nicht täuschen. Ich sehe das Gute hinter dem Schein.

Ich weiß, daß die Menschen nicht immer so reagieren, wie sie möchten, sondern daß sie ein Spielball ihrer Programme sind. Deshalb nehme ich jeden Menschen so an, wie er ist. Ich helfe ihm mit Worten, Taten, aber auch ohne Worte, mit ehrlichen Gefühlen. Ich bin dabei nicht auf Anerkennung aus, aber ich weiß, daß ich das Gute tausendmal zurückerhalte. Ich weiß, daß der Schein oft trügt, und deshalb lasse ich mich nicht blenden und trete jedem Menschen offen gegenüber.

Kurzformel:
Ich akzeptiere meine Mitmenschen und führe durch das gute Beispiel. Ich nehme jeden Menschen so an, wie er ist. Meine Toleranz wächst täglich.

Suggestion:
Ich bin tolerant und nehme meine Mitmenschen an, wie sie sind. Ich gebe ein gutes Beispiel in allen Bereichen und freue mich, in jedem Menschen gute Seiten zu entdecken. Ich trete anderen offen gegenüber und nehme sie an, wie sie sind. Ich respektiere sie und erkenne in jedem Menschen die Einmaligkeit. Ich bin dankbar, daß auch ich so angenommen werde, wie ich bin. Mein Leben ist leicht, weil ich tolerant und selbstbewußt bin. Ich gehe gezielt meinen Weg und beachte dabei die Würde eines jeden Menschen.

Bildhafte Vorstellung
Stellen Sie sich vor, mit Menschen zusammen zu sein, die Sie früher nicht leiden konnten. Stellen Sie sich Situationen vor, am Arbeitsplatz, bei Kollegen, im Sport oder zu Hause. Und sehen Sie sich ruhig und gelassen, wie Sie den Menschen interessiert zuhören. Freuen Sie sich, daß Sie in sich ruhen und daß Sie tolerant sind. Sehen Sie, wie Sie von anderen bewundert werden, weil Sie es verstehen, mit allen Menschen auszukommen. Lassen Sie dabei positive Gefühle zu und freuen Sie sich, weil Sie ab jetzt neue Menschen kennenlernen.

Ich nehme meine Mitmenschen an, wie sie sind				
Tag	Gedankenkontrolle	Suggestion	Kurzformel	Gesamtbewertung
1				
2				
3				
4				
5				
6				
7				
8				
9				
10				
11				
12				
13				
14				
15				
16				
17				
18				
19				
20				
21				

Ich bewerte meine geistige Arbeit täglich und verbessere mich dadurch.
Bewertungen: + mäßig ++ gut +++ sehr gut

Ich steigere meine Verkaufsfähigkeiten

Motivationstext:
Ich weiß, daß ich täglich von neuem verkaufen muß. Ich „verkaufe" mir jeden Morgen, daß ich mich liebe und annehme. Ich „verkaufe" mir, daß ich mein Bestes gebe und ein guter Mensch bin. Ich „verkaufe" meiner Familie, daß ich stets für sie sorge und sie liebe. Ich erkenne also, daß verkaufen nicht allein ein Beruf ist, sondern ein natürliches, sich täglich wiederholendes Ereignis.

Wenn ich aber von berufswegen verkaufen muß, will ich das gerne tun und meinen Kunden helfen, die richtige Entscheidung zu treffen. Meine Produkte erleichtern anderen das Leben, daher sind sie gefragt. Ich bin überzeugt von meinem Beruf und weiß, daß meine Arbeit Gutes bewirkt.

Meine Arbeit als Verkäufer ist wichtig, denn Geschäfte und Handel haben den Menschen Wohlstand gebracht. Ich will meinen Teil dazu beitragen, und alle Menschen, die meine Produkte benötigen, davon überzeugen, welche Erleichterung sie dadurch haben.

Ich verkaufe nichts, wovon ich nicht überzeugt bin, daß es gebraucht wird oder wenn ich befürchten muß, daß es den Menschen Nachteile bringt. Aber jedermann überzeuge ich, wenn ich weiß, daß es ihm Vorteile bringt. Ich gebe keine Verkaufsverhandlung gleichgültig auf oder breche diese ab, ehe ich nicht alles versucht habe, den Kunden vom Vorteil meines Produktes zu überzeugen. Ich diene den Menschen und verdiene dabei immer mehr und besser. Ich überliste niemanden oder überzeuge ihn gegen seinen Willen. Ich verkaufe durch meine Ehrlichkeit von Tag zu Tag mehr. Das Schicksal honoriert meinen Einsatz mit Freude. Ich verdiene durch Dienen.

Kurzformel:
Ich verkaufe ehrlichen Herzens und voller Freude. Durch mein aktives Tun vergrößert sich mein Verkaufserfolg von Tag zu Tag.

Suggestion:
Ich verkaufe von Tag zu Tag mehr Waren. Ich ziehe die richtigen Kunden magnetisch an. Durch mein ehrliches Verkaufen diene ich allen Beteiligten. Ich verkaufe gerne und voller Freude. Ich bin vom Vorteil meines Produktes überzeugt, und ich bin dankbar, von Tag zu Tag immer mehr und besser zu verkaufen. Ich diene und verdiene.

Bildhafte Vorstellung:
Sehen Sie sich beim Kunden, der Ihnen dankt, daß Sie ihn so gut beraten haben. Sehen Sie sich bei Ihrem Vorgesetzten, der Ihnen wegen der erbrachten Leistung gratuliert. Oder sehen Sie Ihren Kontoauszug mit einer entsprechend hohen Summe im Haben. Geben Sie sich dabei dem Gefühl der Freude und Zufriedenheit hin. Lassen Sie alle positiven Gefühle zu und erfreuen Sie sich an den Zahlen, als wären diese schon Wirklichkeit. Sie müssen sich schon am Ziel sehen, das ist für das Unterbewußtsein ein klarer und deutlicher Wunsch. Schaffen Sie dem Unterbewußtsein die Realität in der Vorstellung, die Sie in Wirklichkeit haben möchten.

Ich steigere meine Verkaufsfähigkeiten				
Tag	Gedankenkontrolle	Suggestion	Kurzformel	Gesamtbewertung
1				
2				
3				
4				
5				
6				
7				
8				
9				
10				
11				
12				
13				
14				
15				
16				
17				
18				
19				
20				
21				

Ich bewerte meine geistige Arbeit täglich und verbessere mich dadurch.
Bewertungen: + mäßig ++ gut +++ sehr gut

Ich erreiche mein Ziel sicher

Motivationstext:
Ich weiß, daß Ziele und Wünsche Vorboten meiner Fähigkeiten sind. Ich weiß, daß ich alles erreichen kann, wofür ich zu arbeiten bereit bin, wenn ich es wirklich möchte. Ich schone mich nicht, mein Ziel zu erreichen, ich verfolge es mit Ausdauer und Disziplin. Ich gebe mein Ziel nur auf, wenn höhere Aufgaben und Ziele rufen. Ich arbeite eisern und zäh, denn damit schaffe ich Gutes. Der Versager gibt bei Widerstand auf, ich aber verdopple meinen Fleiß, denn ich weiß, daß ich jedes realistische Ziel erreichen kann.

Meine Ziele sind eine Bereicherung für die Menschen. Alles, was ich tue, tue ich für mich und meine Mitmenschen. Ich suche mir die Freunde, die meinen Willen unterstützen und trenne mich von Kleingeistern, die mich zu bremsen versuchen.

Meine Ziele sind gut und dienen den Menschen, daher erreiche ich, was ich mir vornehme.

Ich nehme mir großartige Menschen zum Vorbild und folge ihrem Beispiel an Güte, positiver Einstellung, Ausdauer und Zuversicht. Ich weiß, daß auch ich so werden kann. Ich weiß, daß ich alle Gaben besitze, die ich zum Erfolg benötige. Mein Selbstvertrauen stärkt sich von Tag zu Tag. Ich erreiche mein Ziel und lasse andere Menschen daran teilhaben. Das Leben ist auf meiner Seite, und ich genieße es in allen Bereichen.

Kurzformel:
Ich erreiche sicher mein Ziel durch fleißiges Tun und Konsequenz. Ich verfolge mein Ziel bis zum Erfolg.

Suggestion:
Ich ziehe die richtigen Menschen und Informationen an, die mir helfen, mein Ziel schneller zu erreichen. Ich bin dankbar, mein Ziel schnell, leicht und sicher zu erreichen. Ich danke meinem Unterbewußtsein für die fleißige Mitarbeit. Ich gebe mein

Bestes und freue mich, mein Ziel erreicht zu haben. Alle Kräfte des Universums sind auf meiner Seite.

Bildhafte Vorstellung:
Stellen Sie sich vor, Sie sind am Ziel. Erleben Sie, wie Sie sich fühlen, wenn Sie Ihr Ziel erreicht haben. Sehen Sie in der Entspannung, wie ihnen die Menschen gratulieren, und empfinden Sie Freude und Genugtuung. Seien Sie stolz auf das, was Sie erreicht haben. Erfüllen Sie Ihr Gemüt mit Freude.

Ich erreiche mein Ziel sicher				
Tag	Gedankenkontrolle	Suggestion	Kurzformel	Gesamtbewertung
1				
2				
3				
4				
5				
6				
7				
8				
9				
10				
11				
12				
13				
14				
15				
16				
17				
18				
19				
20				
21				

Ich bewerte meine geistige Arbeit täglich und verbessere mich dadurch.

Bewertungen: + mäßig   + + gut   + + + sehr gut

Ich lebe im Hier und Jetzt

Motivationstext:
Ich weiß, daß ich weder in der Vergangenheit noch in der Zukunft leben kann, sondern nur im gegenwärtigen Augenblick. Ich weiß, daß das Leben aus einer einzigen Kette von Augenblicken besteht. Deshalb lebe ich bewußt im Hier und Jetzt. Ich genieße jeden Augenblick. Ich weiß nicht, ob ich morgen noch auf dieser Welt bin, aber ich weiß, daß ich jetzt lebe. Ich lebe im Beruf, ich lebe in der Freizeit, ich lebe von nun an jede Minute gerne und bewußt.

Gerade jetzt tue ich das, was ich immer schon tun wollte: Ich bin gut zu meinen Mitmenschen und zu mir. Ich genieße den Augenblick und gebe mein Bestes. Ich nehme mich an, wie ich bin, und gebe in jedem Augenblick mein Bestes.

Ich helfe, wo ich helfen kann, aber als erstes helfe ich mir, denn ich weiß, daß ich anderen Menschen nur dann helfen kann, wenn ich selbst ausgeglichen bin. Ich zeige anderen den Weg, und wenn sich Steine in den Weg legen, räume ich diese beharrlich beiseite.

In jedem Augenblick beweise ich meinen Mut und meine positiven Gedanken durch aktives Problemlösen. Im Jetzt bin ich Herr meiner Gedanken und Gefühle. Hier und jetzt beginnt ein neues Leben, denn ich lebe bewußt.

Kurzformel:
Ich lebe bewußt im Hier und Jetzt und genieße den Augenblick. Ich lebe leichter und leichter.

Suggestion:
Ich nehme den Augenblick an, wie er kommt, und erfreue mich am Leben. Ich genieße das Leben in allen Bereichen und wachse von Tag zu Tag. Ich erledige alles sofort. Ich fühle mich wohl. Voller Lebensfreude genieße ich den Tag in allen Situa-

tionen. Ich bleibe ruhig und gelassen und genieße den Augenblick.

Bildhafte Vorstellung:
Erleben Sie sich in der Entspannung ruhig und gelassen. Sehen Sie, wie Sie im Augenblick leben und voll Freude sind. Sehen Sie sich in der Entspannung, frei von Sorgen und voller Freude. Genießen Sie das Gefühl, im gegenwärtigen Augenblick zu leben, denn nur da gibt es Harmonie.

Tag	Gedankenkontrolle	Suggestion	Kurzformel	Gesamtbewertung
1				
2				
3				
4				
5				
6				
7				
8				
9				
10				
11				
12				
13				
14				
15				
16				
17				
18				
19				
20				
21				

Ich lebe im Hier und Jetzt

Ich bewerte meine geistige Arbeit täglich und verbessere mich dadurch.
Bewertungen: + mäßig   + + gut   + + + sehr gut

Gesund und vital gehe ich durchs Leben

Motivationstext:
Ich sehe meinen Körper als Wunderwerk der Schöpfung an. Kein Computer, keine Maschine kann je so wundervoll funktionieren wie mein Körper. Daher achte ich von nun an auf die Bedürfnisse meines Körpers. Ich achte auf meinen Körper, denn ich weiß, daß nur in einem gesunden Körper ein gesunder Geist wohnen kann. Mein Körper ist von einer wunderbaren Vollkommenheit geschaffen, einer Intelligenz, die größer ist als ich. Ich achte daher meinen Körper als Werkzeug, das mir dient.

Ich weiß, daß dieser Körper einmalig ist, daher gebe ich ihm die Ruhe, die er braucht, die Bewegung, die er benötigt und die Nahrung, die er zu seiner optimalen Funktionstüchtigkeit nötig hat. Ich gebe ihm viel frische Luft, nehme ihn an, wie er ist, und pflege ihn. Ich gebe ihm den Schlaf, den er benötigt und die Anerkennung, die er zum optimalen Gedeihen braucht. Wenn mein Körper nicht meinen Vorstellungen entspricht, so werde ich seine Fehler ehrfurchtsvoll akzeptieren, denn ich weiß, es gibt nur Ursache und Wirkung. Ich erkenne die Aufgabe und erfülle sie.

Ist mein Körper krank, so erforsche ich die Ursache, beseitige sie und sorge dafür, daß er nicht wieder darunter leiden muß. Seine Krankheit macht mich auf Fehler aufmerksam, die ich im Geist verursacht habe. Diese geistigen Ursachen beseitige ich und bleibe ausgeglichen und froh.

Von Tag zu Tag fühle ich immer mehr Harmonie in mir. Ich habe einen gesunden Körper, der von einem gesunden Geist gesteuert wird.

Kurzformel:
Ich achte auf die Bedürfnisse meines Körpers und lebe gesund. Ich habe einen gesunden, vitalen Körper.

Suggestion:
Ich bin gesund und vital. Ich atme frische Luft und genieße jeden Atemzug. Ich trainiere meine Muskeln und fühle, wie mein Körper von Tag zu Tag vitaler und gesünder wird. Ich esse langsam und bewußt das, was mein Körper braucht. Morgens wache ich frisch und erholt auf und pflege meinen Körper mit Gedanken und Taten. Mein Körper ist schön, ich liebe und achte ihn.

Bildhafte Vorstellung:
Stellen Sie sich vor, Sie sind vollkommen gesund. Erleben Sie, wie frisch und erholt Ihr Körper ist. Sehen Sie den gewünschten, realistischen Körperbau. Sehen Sie, wie Sie Vitalkost essen, und fühlen Sie in der Imagination, wie gut Ihrem Körper das tut. Wenn Sie ein körperliches Leiden haben, lassen Sie in Ihrer Vorstellung die Sonne auf diese Stelle scheinen und freuen Sie sich über die Heilung.

Gesund und vital gehe ich durchs Leben				
Tag	Gedankenkontrolle	Suggestion	Kurzformel	Gesamtbewertung
1				
2				
3				
4				
5				
6				
7				
8				
9				
10				
11				
12				
13				
14				
15				
16				
17				
18				
19				
20				
21				

Ich bewerte meine geistige Arbeit täglich und verbessere mich dadurch.

Bewertungen: + mäßig   + + gut   + + + sehr gut

Ich motiviere und führe Menschen ehrlichen Herzens

Motivationstext:
Ich bin motiviert, jeden Tag, jede Stunde mein Bestes zu geben. Ich überprüfe meine Motive und öffne mein Herz dem Guten und Nutzbringenden. Ich übernehme gerne die Aufgabe zu führen. Meinen Partner führe ich voller Liebe und Verständnis, meine Kinder voller Nachsicht und Hingabe. Ich führe und motiviere durch mein Beispiel. Ich motiviere jeden Menschen durch positiven Einfluß, stets sein Bestes zu geben. Meine Mitarbeiter sporne ich an, daß sie mehr und besser verdienen. Ich zeige ihnen offen, daß ich sie brauche und führe sie so gut, daß sie mich auch brauchen. Ich führe alle zu besten und größten Leistungen, an denen sie wachsen und reifen.

Stillstand ist Rückschritt. Das Leben ist ständig in Bewegung, und ist es meine Aufgabe, jede Persönlichkeit zu berücksichtigen und die Menschenwürde zu achten. Ich führe hart, aber gerecht. Nichts überlasse ich dem Zufall. Ich weiß, daß unterlassene Motivation alle Beteiligten am Erfolg hindert. Meine Macht, Menschen zu beeinflussen, nutze ich, um das persönliche Wachstum jedes einzelnen zu fördern. Meine Motivation ist reiner Natur, getragen von Liebe und Gerechtigkeit. Je öfter ich meine Mitmenschen motiviere, um so mehr sorge ich für das Allgemeinwohl. Ich bin froh und dankbar, meine Aufgabe gut zu erfüllen.

Kurzformel:
Ich motiviere meine Mitmenschen ehrlichen Herzens und sporne sie zu Höchstleistungen an. Ich achte und schätze die Persönlichkeit und Leistung jedes einzelnen.

Suggestion:
Ich erkenne die Fähigkeiten meiner Mitarbeiter und setze sie am richtigen Platz ein. Ich führe durch mein Beispiel und ziehe

magnetisch die richtigen Mitarbeiter an. Ich freue mich am gemeinsamen Erfolg. Ich setze mein Talent zur Führung zielgerichtet ein. Ich bin eine vorbildliche Führungskraft und eine Bereicherung für den Betrieb und die Mitarbeiter.

Bildhafte Vorstellung:
Stellen Sie sich Ihre Mitarbeiter vor. Sie arbeiten gerne für Sie und sind glücklich, Sie als Chef zu haben. Oder sehen Sie einen Mitarbeiter, der eine Gehaltserhöhung bekommt, weil er so gute Leistungen erbracht hat – es ist Ihr Verdienst.

Freuen Sie sich, daß in Ihrer Abteilung, in Ihrem Bereich ein harmonisches Klima herrscht. Erleben Sie die Entwicklung der Menschen in Ihrem Umfeld. Freuen Sie sich in dieser Vorstellung. Sehen Sie alles positiv und harmonisch.

Ich motiviere und führe Menschen ehrlichen Herzens			
Tag	Gedankenkontrolle	Suggestion	Kurzformel	Gesamtbewertung
1				
2				
3				
4				
5				
6				
7				
8				
9				
10				
11				
12				
13				
14				
15				
16				
17				
18				
19				
20				
21				

Ich bewerte meine geistige Arbeit täglich und verbessere mich dadurch.
Bewertungen: + mäßig ++ gut +++ sehr gut

Reichtum und Wohlstand fließen mir zu

Motivationstext:
Die Natur ist im Überfluß mit Reichtum ausgestattet. Ich ziehe meinen Teil durch aktives Tun und positives Denken an. Die Natur stellt mir alles zur Verfügung, und ich nehme es dankbar an. In meinem Geist herrschen die richtigen Gedanken und die richtigen Einsichten vor. Ich genieße diesen Wohlstand, denn ich weiß, daß ich damit alles Wünschenswerte anziehe. Ich trachte nach den geistigen Werten, denn damit ziehe ich das Materielle an. Ich bin nicht abhängig vom Materiellen, sondern genieße, was ich habe, und freue mich darüber, Reichtum und Wohlstand als natürliche Elemente meines Lebens zu betrachten.

Ich bin großzügig im Geben und bin bereit zu empfangen. Ich bin es wert, gesund und glücklich zu sein, in Wohlstand und Reichtum. Ich bin nicht an meinen Besitz gebunden, denn ich besitze ihn, nicht er mich. Ich bin offen und genieße es, immer mehr zu besitzen. Ich setze meinen Wohlstand ein, anderen Menschen zu helfen. Ich kann Dinge kaufen und Arbeitsplätze schaffen, ich kann Häuser bauen und Wohnungen schaffen, ich kann mit meinem Geld viel für die Menschheit tun. Ich weiß, je mehr ich meinen Besitz in den Dienst der Menschheit stelle, desto mehr Wohlstand ziehe ich an.

Kurzformel:
Ich ziehe Reichtum und Wohlstand magnetisch an. Ich denke und handle positiv und genieße inneren und äußeren Reichtum.

Suggestion:
Ich bin dankbar für meinen Wohlstand und meinen Reichtum. Ich bin glücklich und genieße es, wohlhabend und reich zu sein. Von Tag zu Tag vergrößere ich meinen Reichtum durch ehrliches Schaffen und Tun. Ich genieße das Leben und nehme dankbar an. Ich bin reich an Erkenntnissen und reich an Ver-

mögen. Ich verdiene immer mehr, und mein Vermögen mehrt sich. Mein ganzes Leben ist Ausdruck von Reichtum, spirituell und materiell.

Bildhafte Vorstellung:
Stellen Sie sich vor, Sie bewohnen Ihr Traumhaus, Sie gehen gut essen oder Sie geben eine Party. Bauen Sie sich ein realistisches Bild, wie Sie sich Ihren Wohlstand vorstellen. Stellen Sie sich vor, wie Sie andere Menschen fördern und selbst zu mehr Reichtum gelangen.

Reichtum und Wohlstand fließen mir zu				
Tag	Gedankenkontrolle	Suggestion	Kurzformel	Gesamtbewertung
1				
2				
3				
4				
5				
6				
7				
8				
9				
10				
11				
12				
13				
14				
15				
16				
17				
18				
19				
20				
21				

Ich bewerte meine geistige Arbeit täglich und verbessere mich dadurch.

Bewertungen: + mäßig ++ gut +++ sehr gut

Ich lebe die Liebe

Motivationstext:
Ich lebe die Liebe, denn Gott ist die Liebe. In allen Bereichen der Natur beobachte ich die Größe der Schöpfung. Ich sehe, mit welcher Liebe und Hingabe sie geschaffen wurde. Ich liebe von nun an alles, was mir begegnet. Ich halte mir immer folgende Worte vor Augen:

„Wer liebt, was ihm begegnet, dem wird bald nur noch begegnen, was er liebt."

K. O. Schmidt

In Stille und Ruhe, ohne viele Worte, wirke ich als Botschafter der Liebe. Ich entdecke die Macht der Liebe in allen Details. Ich erkenne die Größe der Menschen, ihre verborgenen Vollkommenheiten und ihre göttlichen Fähigkeiten an. Ich erkenne und akzeptiere mit Achtung die Macht der Liebe.

Nichts kann meine Liebe erschüttern, denn nichts im Leben ist mehr wert als ein Herz voller Liebe. Kein Reichtum kann die Liebe ersetzen. Ich weiß, daß das Leben an Sinn verliert, wenn die Liebe vergessen wird. Ich akzeptiere mich liebevoll in meiner Unvollkommenheit, ich akzeptiere meine Fehler und ändere, was ich ändern kann. Ich liebe das Geschaffene und erfreue mich am Lohn. Ich liebe meinen Körper, denn er ist von mir geformt, ich liebe meine Gedanken, denn damit schaffe ich mein Schicksal, ich liebe das Leben, denn es gibt mir die Möglichkeit, meine Gedanken zu realisieren. Ich verschwende keine großen Worte, sondern fühle und handle liebevoll und konsequent.

Kurzformel:
Ich lebe die Liebe und genieße den Augenblick. Ich öffne mich der Freude am Leben und liebe ohne große Worte.

Suggestion:
Mein Herz ist erfüllt von Liebe und Dankbarkeit. In jeder Minute meines Lebens lebe ich die Liebe. Ich bin gut zu mir und zu meinen Mitmenschen. Ich gebe und empfange das Gefühl der Geborgenheit. Ich bin ein Beispiel dafür, wie man liebevoll mit seinen Mitmenschen umgeht. Alles gelingt mir durch die unendliche Macht der Liebe. Ich liebe mich, und ich liebe alles, was mir begegnet.

Bildhafte Vorstellung:
Sehen Sie sich im Licht. Sehen und empfinden Sie sich erfüllt von Harmonie und Freude. Empfinden Sie das beglückende Gefühl, Liebe auszustrahlen. Stellen Sie sich die Sonne vor, die Sie durchleuchtet, so daß jede Zelle in Ihnen vibriert. Sehen Sie sich auch in schlimmsten Situationen liebevoll reagieren.

Ich lebe die Liebe				
Tag	Gedankenkontrolle	Suggestion	Kurzformel	Gesamtbewertung
1				
2				
3				
4				
5				
6				
7				
8				
9				
10				
11				
12				
13				
14				
15				
16				
17				
18				
19				
20				
21				

Ich bewerte meine geistige Arbeit täglich und verbessere mich dadurch.
Bewertungen: + mäßig   + + gut   + + + sehr gut

Ausblick

Dieses Selbstverwirklichungsprogramm kann Ihnen dazu dienen, neue Einsichten zu gewinnen und im Leben auf natürliche Weise erfolgreich zu werden. „Wie innen so außen" sagte Hermes Tresmegistos. Das „Außen" paßt sich dem „Innen" an. Unsere Welt, wie wir sie erleben, ist ein Spiegelbild unseres Inneren. Wir brauchen daher nur unser inneres Programm nach unseren Wünschen auszurichten, und das „Außen" wird ihm folgen.

Selbstverwirklichung heißt auch, das zu verwirklichen, was wirklich in uns steckt, kein Schein, kein zwanghaftes Ablenken. Je mehr wir uns bemühen, das zu tun, was unserem Selbst entspricht, desto mehr folgen wir dem natürlichen Lebensfluß und um so leichter haben wir Erfolg.

Ziel Ihrer Arbeit an sich selbst sollte es sein, immer ausgeglichener zu werden und positiv zu denken. Sie werden dann auch erfahren, daß sich in Ihrem Leben weniger Widerstände aufbauen. Dies hat zwei Gründe:

1. Sie haben Ihre Erkenntnis erweitert und denken aus einer anderen Perspektive.
2. Sie machen Schicksalsschläge überflüssig, weil Sie im „Sinne der Schöpfung" handeln.

Denken Sie immer daran, daß alles, was Ihnen begegnet, in irgendeiner Form von Ihnen angezogen wurde, entweder durch Ablehnung oder durch Notwendigkeit. So gesehen können wir alles, was passiert, gelassener hinnehmen. Wir müssen nur das Beste daraus machen und dürfen Fehler nicht wiederholen.

Falsche Selbstverwirklichung

Befreien Sie sich von Sorgen

,,Die Menschen werden nicht durch die Dinge, die passieren, beunruhigt, sondern durch die Gedanken darüber."

Epiktet

Wer nur an spirituelle Entwicklung denkt, damit er von Schwierigkeiten verschont bleibt, wird eine schmerzliche Erfahrung machen. Er wird feststellen, daß er immer öfter Schwierigkeiten begegnet, wenn er versucht, ihnen nur auszuweichen, statt sie zu beseitigen. Wer glaubt, ein ,,geistig Erwachter" unterliege keinen Prüfungen mehr, der irrt. Jeder Mensch muß seine Bestimmung erfüllen, und je weiter ein Mensch geistig fortgeschritten ist, um so anspruchsvoller werden diese Prüfungen.

Wer meditiert, um dem Ärger zu entfliehen oder geistig schneller voranzukommen, hindert sich selbst. Wer in dem Bewußtsein meditiert, seine Ruhe zu finden oder einen Weg zu Gott zu finden, der ist auf dem richtigen Weg.

Das Schicksal honoriert unsere Motivation. Das Motiv, das hinter einer Aktion steht, wird darüber entscheiden, ob das Ziel erreicht wird oder nicht. Bei allem, was wir tun, müssen wir bedenken, daß wir an unserem gegenwärtigen Platz in dieser Welt nur deshalb stehen, weil dieser für uns vorgesehen ist und weil die Lektionen für uns wichtig sind. Wir können nicht sagen: ,,Hätte ich doch . . ." oder ,,Wäre ich doch . . ." All diese Ausreden haben nur Gültigkeit, solange wir nicht die Verantwortung für uns übernehmen. Andernfalls wissen wir, warum wir hier sind: Weil es unser Schicksal ist und wir es in der Hand haben, es bewußt zu leben oder nicht.

Sorgen sind auf die Zukunft übertragene Ängste, die keine Realität haben. Leben Sie im Jetzt, im Augenblick, dann haben Sie keine Sorgen. Sicher, das ist einfacher gesagt als getan.

Aber was passiert, wenn Sie gedanklich die Zukunft vorwegnehmen? Sie schaffen neue Ursachen. Wenn wir mit der Zukunft „spielen", sollte dies immer positiv und aufbauend sein. Die Schöpfung kennt nur Fortschritt, keinen Stillstand.

Sorgen machen krank, sie schwächen den Körper. Sorgen können nur in Gedanken – in der Vorstellung – entstehen, und nur dort können sie auch abgebaut werden. Ich habe einen schönen Spruch gehört, dessen Herkunft ich nicht kenne; er hat mich betroffen gemacht:

„Ich weinte, weil ich keine Schuhe hatte, bis ich jemand sah, der keine Beine hatte."

Verfasser unbekannt

Ist es denn nicht so? Fehlt uns nicht die Aufmerksamkeit für die Dinge, die positiv sind und keine Schwierigkeiten in sich bergen? Denken wir nicht doch zu häufig an das, was uns fehlt, statt an das, was wir schon haben?

Aber wenn wir ständig an das denken, was wir *nicht* haben, beeinflussen wir das Unterbewußtsein immer mit einem Bild von Mangel. Es registriert den Mangel und verstärkt ihn, entsprechend Ihrer Motivation. Sie tun sich also nichts Gutes an, ständig mit dem Bewußtsein von Mangel zu leben, denn Sie ziehen ihn dadurch an.

Möchte jemand einen neuen Partner kennenlernen, ist aber schon öfter enttäuscht worden, darf er nicht die Enttäuschung als Maßstab nehmen, sondern das Ideal. Ansonsten konzentriert er seine Energie immer wieder auf einen Partner, den er eigentlich gar nicht akzeptiert. Vielmehr muß erkannt werden, daß jeder Mensch anders ist und man dem Schicksal die Chance geben muß, den Richtigen anzuziehen. Dabei darf das Bild des Unterbewußtseins aber nicht an schlechte Erfahrungen anknüpfen. Die Erfahrung ist Vergangenheit, aus der wir gelernt haben sollten. Wenn wir uns fragen: „Warum ist mir das passiert?" dann können wir die Lösung finden und Konsequenzen ziehen.

Wir müssen uns einfach frei machen und bereit werden, das zu empfangen, was wir uns wünschen. Ablehnung und Verurteilung kommen als Bumerang auf uns zurück. Am besten wäre es, Sie würden sich sofort darüber klar, was bei Ihnen schon in Ordnung ist, worüber Sie sich freuen können. Denken Sie darüber nach und schreiben Sie zehn Gründe nieder, warum Sie glücklich sind. Es müssen keine weltbewegenden Dinge sein. Vielleicht sind Sie glücklich, weil Sie den richtigen Partner haben, weil Sie gut verdienen, oder weil Sie gesund sind, weil Sie ein Dach über dem Kopf haben oder weil Sie nette Freunde haben. Vielleicht sind es aber auch andere Kleinigkeiten, die Ihr Leben verschönern.

Sie finden sicher viele Dinge, wenn Sie richtig nachdenken. Ansonsten können Sie sich freuen, daß Sie sehen können, daß Sie laufen können, oder daß Sie in einer freien Welt leben. Allzu viele Dinge werden als selbstverständlich angenommen, obwohl sie nicht selbstverständlich sind.

Zehn Gründe, warum ich glücklich bin:

1. _____

2. _____

3. _____

4. _____

5. _____

6. _____

7. _____

8. _____

9. _____

10. _____

Notieren Sie sich diese zehn Punkte auf einem Zettel, den Sie immer bei sich tragen, am besten im Portemonnaie. Diese zehn Punkte sollten Sie immer dann lesen, wenn es ein Problem gibt, das Ihnen unlösbar erscheint, oder wenn Sie Schwierigkeiten haben, über die Sie sich ärgern. Lesen Sie dann die zehn Punkte nach und erfreuen Sie sich an den Dingen, die Sie glücklich machen. Sie können sich damit seelisch aufbauen und suggerieren dem Unterbewußtsein ein Bild der Fülle und Zufriedenheit. Damit lassen Sie Frust und Sorgen erst gar nicht entstehen.

Haben Sie schon einmal versucht, sich in einen blinden Menschen geistig hineinzuversetzen? Wenn ja, werden Sie erkannt haben, was es bedeutet, Farben sehen zu können, sich oder den Partner betrachten zu können. Wenn nein, sollten Sie dies einmal tun. Sie werden dann plötzlich erkennen, wieviel sinnlose Sorgen wir uns machen. Sorgen, die eigentlich keine sind. Aber diese Sorgen schlagen auf den Magen oder greifen die Nieren an. Der Volksmund sagt nicht umsonst: ,,Das schlägt mir auf den Magen'' oder ,,Das geht mir an die Nieren.'' Im Anhang finden Sie ein Verzeichnis der Bücher, die näher auf diese Zusammenhänge eingehen.

,,Die Fähigkeit, glücklich zu sein, befreit uns − zumindest größtenteils − von der Herrschaft äußerer Einflüsse.''

R. L. Stevenson

Wir ,,er-denken'' uns unsere Sorgen. Wir haben ein Sicherheitsbedürfnis und wünschen uns, daß unser Wohlbefinden niemals eingeschränkt wird. Wir möchten das Gute festhalten, das Schlechte gar nicht wahrnehmen. Wir machen uns Sorgen, ob unsere Vorhaben gelingen und programmieren damit schon den Mißerfolg vor. Besser ist es, Freude entstehen zu lassen und seine Gedanken mit Positivem zu beschäftigen.

Nutzen Sie die Selbsthypnose, um frei von Sorgen und Grübeleien zu werden. Vergegenwärtigen Sie sich die Situation zuerst im Verstand, bevor Sie sie programmieren.

1. Ergründen Sie schriftlich, worin Ihre Sorgen bestehen. Schreiben Sie den Ist-Zustand nieder:

   _____

   _____

   _____

   _____

2. Schreiben Sie nun auf, was schlimmstenfalls passieren könnte. Wie würde Ihr Leben weitergehen, was wäre anders? Malen Sie sich einmal die schlimmste Situation aus:

   _____

   _____

   _____

   _____

3. Überlegen Sie sich für einen Moment, wie Ihr Leben unter den veränderten Bedingungen aussehen würde, und sagen Sie sich: „Na und, ich würde trotzdem leben, vielleicht unter erschwerten Bedingungen." Erkennen Sie, daß nichts so schlimm kommen kann, daß Sie den Lebensmut verlieren.

4. Richten Sie jetzt wieder Ihre Aufmerksamkeit auf das, was Sie sich wünschen. Notieren Sie die positive Lösung:

   _____

   _____

   _____

   _____

5. Gehen Sie nun an die Arbeit und formulieren Sie Ihren erwünschten Endzustand in Wort und Bild.

_____

_____

_____

_____

6. Programmieren Sie Ihr Ziel mit Hilfe der Selbsthypnose.

Diese Vorgehensweise ist vorwiegend für Menschen gedacht, die viel grübeln und schlecht ,,loslassen" können. Sie soll helfen, angstfrei zu werden und dem Verstand klarzumachen, daß es immer einen Ausweg gibt. Diese Methode hilft, Angst zu vertreiben, denn die Angst wird immer geringer, wenn Sie ihr ins Gesicht sehen, aber sie wird immer größer, wenn Sie vor ihr davonlaufen.

Eine neue Einstellung zu Problemen

Sie haben erkannt, daß es weder Glück noch Leid gibt, sondern nur Ursache und Wirkung. Ein Problem machen wir erst mit unserer Einstellung zu einem Problem. Es liegt immer im Wesen des Betrachters, wie eine Situation ausgelegt wird. Stellen Sie sich für ein paar Augenblicke vor, Sie könnten ein Leben ohne jedes Problem führen. Alles würde von alleine funktionieren. Wäre das nicht schön? Sicherlich, für einen Augenblick ja, aber es wäre der größte Fluch, denn das würde uns in Apathie versetzen. Wir würden aufhören zu lernen und nur noch dahinvegetieren.

Wir lernen und entwickeln uns immer durch Druck. Durch Probleme werden wir gezwungen, unseren geistigen Horizont zu öffnen, wir werden regelrecht zum Lernen gezwungen. In der Schule, weil wir sonst schlechte Noten bekommen, im Beruf, weil wir ansonsten keine gute Stellung erhalten. Geistig, weil wir sonst immer dieselben Schwierigkeiten hervorrufen. Das ganze Leben ist ein einziger Lernprozeß, daher sollten wir auch unsere Einstellungen zu Problemen korrigieren.

Ein Problem ist erst ein Problem, wenn wir es dazu machen. Ansonsten ist es einfach eine Situation. Vielleicht eine etwas unangenehme, aber es ist eine ,,Ist-Situation''. Entsprechend unserer Einstellung, ob wir positiv oder negativ denken, konzentrieren wir nun unsere Energie darauf. Erst durch unsere Betrachtung wird es ein Problem oder eine Aufgabe. Wir müssen uns immer vor Augen halten, daß es keinen Zufall gibt und daß jedes Problem für unsere Entwicklung wichtig ist. Das Schicksal überfordert uns nicht, es lädt uns nur so viele Probleme auf, wie wir verkraften können.

Wenn Sie sich selbst bemitleiden und des öfteren denken:
- ,,Das schaffe ich nicht'',
- ,,Ich kann das nicht'',
- ,,Warum gerade ich?''
- ,,Hoffentlich bekomme ich keine Schwierigkeiten'' oder
- ,,Das Schicksal ist ungerecht'',

dann ist es an der Zeit, Ihre Einstellung gründlich zu überprüfen. Aufgrund des Resonanz-Gesetzes ziehen Sie genau das an, was Sie ablehnen.

,,Jede Widrigkeit des Schicksals birgt den Keim eines gleich großen, wenn nicht größeren Vorteils in sich.''

Positives Denken kann bei jedem auftretenden Problem bewiesen werden. Erst bei einer Prüfung stellt sich heraus, ob sich die Einstellung tatsächlich geändert hat.

Ein Problem ist nie isoliert vorhanden. Es setzt sich immer

aus verschiedenen Problemen zusammen. Dabei gibt es einen Hauptkern. Wenn nun Ihr Problem nicht zu komplex ist, können Sie einfach in der Selbsthypnose die Lösung oder den erwünschten Endzustand programmieren. Ist ein Problem allerdings weitreichender und erfordert viel Zeit, dann sollten Sie die Lösung in Schritte unterteilen. Es liegt an Ihrer Vorstellungskraft und Ihrem Glauben, wie stark Sie Ihr Problem unterteilen müssen. Jede festgelegte Teillösung sollte

— erstrebenswert sein,
— geistig erfaßbar und vorstellbar sein,
— für sich alleine schon einen Erfolg bedeuten.

Wenn Sie also das Zwischenziel erreicht haben, sollten Sie sich bereits bedeutend besser fühlen. Arbeiten Sie mit der Checkliste Ihre Teilschritte heraus. Denken Sie auch immer an die Vernetzung und Verflechtung der Probleme. Die Kettenreaktion aus dem Problem Zeitmangel kann folgendermaßen aussehen:

Es entsteht Hektik, Unzufriedenheit, Unlust. Überlastung, innere Unruhe, Konzentrationsschwierigkeiten, Leistungsabfall, letztlich Druck auf den Magen, Bluthochdruck oder Herzbeschwerden. All dies kann aus einer einzigen Ursache hervorgehen. Machen Sie sich deshalb nichts vor und sagen Sie nicht: „Ab morgen ist alles anders." Diese Aussage bewirkt, daß es wahrscheinlich keinen Schritt vorangeht. Gehen Sie lieber nüchtern an die Aufgabe heran und machen Sie sich einen Plan.

1. Entschließen Sie sich, die Aufgabe anzunehmen und das Problem zu lösen.
2. Erstellen Sie sich einen realistischen Zeitplan und notieren Sie die Vorgehensweise.
3. Erarbeiten Sie sich eine Suggestion in Wort, Bild und Gefühl und programmieren Sie das erwünschte Teil- oder Endziel bis zum Erfolg.

Die Macht der Disziplin

Mit dem Wort Disziplin werden häufig Verkrampfung, Druck, Beengung und Lehrmeistermethoden assoziiert. Ich aber meine mit Disziplin keinen Zwang, sondern starke Konzentration. In allen Lebensbereichen sind Konzentration und Disziplin erforderlich. Ausreden wie: ,,Dazu bin ich nicht fähig'', ,,Ich will meine Persönlichkeit nicht vergewaltigen'' oder ,,Ich bin zu schwach'' finden nur Kleingeister. Jeder ist stark genug, bestimmte Anstrengungen auf sich zu nehmen, immer im Rahmen seiner Möglichkeiten. Um sich zu ändern, ist Disziplin erforderlich. Dabei kommt es vorwiegend auf die kleinen, nicht auf die großen Anstrengungen an.

Alles im Leben besteht aus Kleinigkeiten. Ein Jahr besteht aus Monaten, Wochen, Tagen, Stunden, Minuten und Sekunden. Und wenn wir nicht im Jetzt leben und denken, sorgen wir für eine unerfreuliche Zukunft. Bemühen wir uns im Augenblick, Disziplin zu üben, dann tun wir das Beste für die Zukunft.

Kleinigkeiten formen den Charakter. Wiederholte Gedanken werden zur Denkgewohnheit. Wiederholte Gesten oder Verhaltensweisen werden im Unterbewußtsein eingespeichert. Daher muß auch die Disziplin bei Kleinigkeiten beginnen. Zuerst bei der Gedankendisziplin, dann bei der Gefühlskontrolle und anschließend bei größeren Taten.

Erstellen Sie sich eine Vorgehensweise, die Sie akzeptieren können und die keinen inneren Widerstand aufbaut. Sie können die Disziplin mit einem Programm während der Selbsthypnose wunderbar erreichen. Lassen Sie Disziplin selbstverständlich werden, eine Art liebe Gewohnheit. Nehmen Sie sich anfänglich Kleinigkeiten vor, die Sie diszipliniert ausführen. Sagen Sie niemandem etwas davon und beweisen Sie es nur sich selbst. Halten Sie sich überhaupt mit voreiligen Äußerungen zurück, denn allzu leicht werden Sie als unglaubwürdig abgestempelt, wenn Sie Ihr Ziel nicht in der gewünschten Zeit erreichen. Führen Sie durch Beispiel, damit andere das Ergebnis sehen – das ist viel eindrucksvoller als große Worte und kleine Taten.

Disziplinübungen

Disziplin im Denken

Beobachten Sie zuerst ein paar Minuten Ihre Gedanken. Fragen Sie sich dann: „Wollte ich das denken?"

Weiten Sie diese Übung dann auf eine Stunde und schließlich auf einen Tag aus. Wenn Sie zwei bis drei Tage diszipliniert Ihre Gedanken kontrolliert haben, dann haben Sie eine neue Denkgewohnheit eingespeichert und diese sitzt im Unterbewußtsein fest.

Disziplin im Sprechen

Achten Sie auf das, was Sie sagen. Erlauben Sie der Zunge niemals, schneller als der Verstand zu sein. Überlegen Sie bei allem, was Sie sagen: „Wie wirkt es auf den Betroffenen?" Wer zuviel spricht, kann nichts erfahren. Zuhören ist oftmals wichtiger. Seien Sie Herr Ihrer Worte.

Disziplin in der Bewegung

Betreiben Sie regelmäßig Fitneß-Sport, damit Sie dem Körper die Bewegung zukommen lassen, die er braucht. Achten Sie aber auch einmal auf Ihre gewohnte Gestik und Bewegungen.

Wenn Sie unerwünschte Bewegungen gewohnheitsgemäß ausführen, sollten Sie diese ändern.

Disziplin im unterschwelligen Programmieren

Machen Sie es sich zur Gewohnheit, täglich mit Ihrem Unterbewußtsein in Kontakt zu sein. Loben Sie es, freuen Sie sich und vertiefen Sie den Kontakt von Tag zu Tag. Es ist Ihr Vorteil.

Disziplin bei der Gestaltung Ihres Schicksals

Wann immer Sie glauben, daß Sie aufhören können, Ihr Leben bewußt zu gestalten, werden Sie erfahren, daß Sie vom Schicksal erneut gezwungen werden, an sich zu arbeiten.

,,Wer nicht an sich arbeitet, an dem wird gearbeitet."

Kurt Tepperwein

Nie dürfen wir aufhören, das Richtige und Rechte zu tun. Unablässig muß in unserem Bewußtsein neue Erkenntnis geschaffen werden. Stillstand ist Rückschritt!

Sie haben mit diesem Buch die Selbsthypnose und das mentale Training kennengelernt. Wenn Sie regelmäßig weiterarbeiten, wird sich Ihr Leben grundlegend ändern. Alle bedeutenden Menschen haben auf ihre Weise Selbsthypnose praktiziert. Beschreiten auch Sie den Weg zum Erfolg durch gezielten Einsatz Ihrer inneren – nicht sichtbaren – Kräfte. Die Kraft des Unterbewußtseins ist so unendlich, daß auch viele Bücher nicht ausreichen, um sie zu beschreiben. Erfahren Sie lieber an sich selbst, wie groß diese Kraft ist, und erleben Sie Ihre Wirkung. Beschreiten Sie den Weg zu neuem Gück und Wohlstand in Ausgeglichenheit. Nichts und niemand kann Sie hindern, glücklich zu sein, wenn Sie es wirklich wollen. Prüfungen des Schicksals werden Sie weiterbringen, wenn Sie sie annehmen.

Sie sind der Schöpfer Ihres Lebens. Wenn Sie diese Verantwortung übernehmen, dann bereichern Sie sich und die ganze Menschheit. Sie tun das Beste für die Gesellschaft, wenn Sie mit sich in Einklang sind und als leuchtendes Beispiel vorangehen. Sie sind einmalig, Ihre Seele hat diesen Platz und diesen Körper gewählt, damit sie sich entwickeln kann. Nehmen Sie diese Chance an und schreiten Sie dem natürlichen Erfolg entgegen.

Ich wünsche Ihnen dabei alles erdenklich Gute!

Liebe Leser,

wenn Sie das Buch durchgearbeitet haben und schon aktiv an die Umsetzung gegangen sind, würde ich mich freuen, von Ihnen Feedback zu bekommen. Schreiben Sie mir, und teilen Sie mir Anregungen, Kritik oder Wünsche mit.

Wenn Sie Auskünfte über unsere Seminare haben möchten, können Sie diese über die unten aufgeführte Anschrift erhalten.

Antony Fedrigotti
Steinerne Furt 78
86167 Augsburg
Tel.: 0821/705011
Fax: 0821/705008

Literaturhinweise

Czierwitzki, Manfred: Positives Denken gezielt einsetzen und sein Leben verändern – Das POSITIV-System. München/Landsberg am Lech, mvg-verlag 1995

Fedrigotti, Antony : Zum Erfolg geboren
München, Goldmann Verlag 1990

Hill, Napoleon: Denke nach und werde reich.
Genf, Ariston-Verlag 1984

Mewes, Wolfgang: Die kybernetische Managementlehre (EKS). Frankfurt, Mewes-Verlag 1971

Murphy, Joseph: Die Macht Ihres Unterbewußtseins.
Genf, Artiston-Verlag 1986

Ringer, Robert: Werde Nr. 1. München/Landsberg am Lech, mvg-verlag 1995

Tepperwein, Kurt: Die Botschaft Deines Körpers – Die Sprache der Organe. München/Landsberg am Lech, mvg-verlag 1995

Tepperwein, Kurt: Die hohe Schule der Hypnose.
Genf, Ariston Verlag 1977

Tepperwein, Kurt: Krankheiten aus dem Gesicht erkennen – Pathophysiognomie, München/Landsberg am Lech, mvg-verlag 1995

Von der Theorie zur Praxis:
Aktivieren Sie die Kräfte Ihres Unterbewußtseins....

Wie können Sie täglich die Techniken aus diesem Buch optimal anwenden?
Lassen Sie sich doch von Antony Fedrigotti selbst helfen!
Was möchten Sie erreichen? Möchten Sie schlanker werden, mehr Selbstbewußtsein erlangen, erfolgreicher im Leben werden? Mit den Suggestionen von Antony Fedrigotti und der Technik des bekannten Wissenschaftlers Dr. Eldon Taylor, der WHOLE-BRAIN®-Gedanken-Modifikations-Methode, erreichen Sie Ihre Ziele noch leichter und schneller, Sie benötigen keine zusätzliche Zeit. Eine optimale Ergänzung zu Ihren eigenen Suggestionen aus diesem Buch.

Womit möchten Sie beginnen? Wählen Sie Ihre Wunschtitel aus:

Streß • Depression • Schlafstörungen • Konzentration • Selbstbewußtsein
Schlankheit • Libido • Wohlstand • Kommunikation • Aufschieben • Optimismus
Lernen • Lebensbestimmung • Erfolg • Schmerzen • Verkaufserfolg • Kreativität
Immunsteigerung • Glücklichsein • Ziele

Für Auskünfte wenden Sie sich bitte an Ihren Fachbuchhändler oder direkt an:

AXENT-Verlag
Steinerne Furt 78 M
86167 Augsburg

Tel. 0821/705011
Fax 0821/705008

Jedes Programm besteht aus 2 Kassetten:

Kassette 1 (ca. 46 Minuten)
Die speziellen Suggestionen wurden einer entspannenden Musik unterlegt. Zum Hören nebenbei oder zur Entspannung, Meditation u.v.m.

Kassette 2 (ca. 46 Minuten)
Die Suggestionen wurden auf Seite A einem plätschernden Bach und auf Seite B Ozeanwellen unterlegt. Für nachts, zur Meditation u.v.m.